GÉNÉALOGIE

DE LA FAMILLE

JULLIEN,

ORIGINAIRE DE BOURGOGNE.

PARIS,

IMPRIMERIE DE PLASSAN, RUE DE VAUGIRARD, N° 15, DERRIÈRE L'ODÉON.

1826.

La généalogie de la famille Jullien a été insérée au tome III de l'*Histoire généalogique des Pairs de France, des grands dignitaires de la couronne et des principales familles nobles du royaume*, mais d'une manière incomplète. Depuis la publication de ce volume, qui a eu lieu en 1824, on a découvert dans les archives de l'ancienne Chambre des Comptes de Dijon une généalogie de cette famille, dressée, en 1679, par le célèbre Pierre Palliot. Son travail offre un grand nombre de détails que l'on avait ignorés, et des développements sur les diverses branches dont la famille Jullien se compose. On a compulsé tous les anciens titres relatifs à la même famille, qui se trouvent déposés dans les archives dont on vient de parler, ou épars dans les autres dépôts publics de la Bourgogne. Enfin, on a recueilli sur elle beaucoup de nouveaux documents historiques. On se détermine, en conséquence, à donner une nouvelle édition de la généalogie de la famille Jullien, édition maintenant aussi complète qu'on peut le désirer. On y a rectifié quelques erreurs, omissions et inexactitudes qui s'étaient glissées dans la première, et l'on y a compris des notices plus ou moins étendues sur la plupart des maisons avec lesquelles la famille Jullien s'est alliée.

JULLIEN,

BARONS DE FROLOIS; SEIGNEURS DE VAUX-BUSIN, DE RECLAINE, DE VERREY-SOUS-SALMAISE, DE VILLOTTE, DE FORCEY, DE LA TOUR DE CHARREY, DE LA CHAPELLE-SOUS-BRANCION, DE VERCHISY, DE MONTANEROT, DE CLAMEREY, DE LA COSME-SOUS-MONT-SAINT-JEAN, D'ARCENAY, DE CHEVANNAY, DE COLLONGE, DE MARCILLY, DE HALOPIN, DES MASURES, DE VILLIERS, DE PRUNAY, DE VILLENEUVE, etc., *en Bourgogne, en Gatinais, en Beauce, en Forez, à Orléans et à Paris.*

ARMES : *D'azur, au lion d'or, armé et lampassé de gueules* (1). L'écu timbré d'une couronne de baron.
Supports : deux lions.

La famille JULLIEN, originaire du duché de Bourgogne, où elle existait dès le milieu du treizième siècle, et où ses riches posses-

---

(1) Ces armes sont constatées par Palliot dans son *Indice Armorial*, page 421, et son ouvrage sur le *Parlement de Bourgogne*, page 172; par Segoing, en son *Trésor héraldique* ou *Mercure armorial*, page 185; et par Chevillard, historiographe de France et généalogiste du roi, en son *Armorial gravé de Bourgogne et de Bresse*, publié en 1726. Elles ont été enregistrées, en l'année 1698, à l'*Armorial général de France*, existant à Paris à la Bibliothèque du Roi, tome I du registre de Bourgogne, folios 228, 345, et tome III, folio 93.

sions, ses alliances distinguées, les emplois éminents dont elle a été
pourvue, et ses relations avec les premières maisons de cette province, l'ont fait constamment jouir d'une haute considération, a
été maintenue dans son ancienne extraction noble, 1° sur une enquête juridique faite le 17 mai 1524; 2° par un arrêt intervenu au
grand conseil le 19 août 1604; 3° par jugement de M. Ferrand, intendant de Bourgogne, de l'an 1698. La noblesse de cette famille a
été également constatée lors de son admission dans la chambre de
la noblesse des états de Bourgogne dès l'année 1557 (1), et a été
jurée, le 7 août 1664, dans les preuves faites par la famille Valon
de Mimeure pour son admission dans l'ordre de Saint-Jean de Jérusalem (2).

La généalogie qui va suivre a été établie d'après le relevé des divers documents authentiques dont on vient de parler, d'après la
généalogie de la famille Jullien, dressée, en 1679, par Pierre Palliot, qui s'est attaché particulièrement, pendant une longue suite
d'années, à la recherche des antiquités de la province de Bourgo-
gne (3), enfin d'après une généalogie de la même famille existant à
Paris à la Bibliothèque de l'Arsenal (4).

I. Guillaume JULLIEN, I⁰ᵉ du nom, regardé comme le premier auteur de la famille Jullien, naquit en Bourgogne vers l'an 1240. En
1274, lorsque Marie de Brabant, issue d'une branche cadette de
la maison de Bourgogne et sœur de Henri de Brabant, religieux
en l'abbaye de Saint-Étienne de Dijon, eut épousé Philippe le
Hardi, roi de France, fils de saint Louis, Guillaume Jullien fut appelé à Paris et nommé, en 1277, argentier (garde du trésor) du

(1) Catalogue des Gentilshommes des États de Bourgogne, in-folio, imprimé en
1760, où il est dit, page 4, colonne 1ʳᵉ : « On voit l'écu des armoiries de Jullien
» en plusieurs monuments anciens à Châlons-sur-Saône. »

(2) Manuscrits des Preuves de l'ordre de Saint-Jean de Jérusalem, à la Bibliothèque de l'Arsenal à Paris, registre du grand prieuré de Champagne.

(3) Cette généalogie fait partie de celles que Palliot a laissées inédites, et dont
la plupart sont citées dans la Bibliothèque historique de la France, nᵒˢ 41, 496.
Elle a été continuée, depuis l'année 1679, par M. Pincedé, archiviste de la
chambre des comptes de Bourgogne.

(4) Cette dernière généalogie fait partie d'un ouvrage manuscrit en deux
volumes in-folio, cotés 747 et 748, intitulé : Armorial général de la chambre de la
noblesse des États de Bourgogne.

roi (1), et maître de la chambre aux deniers (chambre du fisc ou trésor royal) (2). Deux rouleaux en parchemin écrits en langue latine, en 1277 et 1283, où Guillaume Jullien est qualifié *dominus*

(1) *Argentarius, is qui custodit argentum,* dit du Cange en son *Glossaire,* t. I, col. 685. C'était dans les mains de l'argentier du roi que les trésoriers du monarque remettaient les sommes d'argent nécessaires pour frayer aux dépenses de la maison royale, et l'argentier rendait compte de ses recettes et mises à la chambre des comptes.

(2) Cette dénomination de chambre du fisc ou trésor royal est donnée à la chambre aux deniers par du Cange, tome II, colonne 77, où il s'exprime ainsi : *Camera denariorum, in Franciâ, fiscus seu thesaurus regius.*

La chambre aux deniers se composait de plusieurs maîtres et autres officiers, et l'argentier du roi en faisait partie lorsque, de même que Guillaume Jullien, il était autorisé à cumuler les deux fonctions d'argentier et de maître de cette chambre. Ces deux fonctions furent remplies, 1° sous Louis XI et Charles VIII, par Jean de Beaune, qui précédemment avait été argentier et maître de la chambre aux deniers de ce dernier prince lorsqu'il n'était que dauphin, lequel Jean de Beaune a été l'aïeul de Martin de Beaune, archevêque de Tours en 1520, ainsi que de Jacques de Beaune, évêque de Vannes en 1504, et le trisaïeul de Renault de Beaune, archevêque de Bourges en 1581, puis de Sens en 1602, grand aumônier de France et en cette qualité commandeur de l'ordre du Saint-Esprit; 2° sous Charles VIII et Louis XII, par Jean Poncher, frère d'Étienne Poncher, d'abord évêque de Paris, puis archevêque de Sens et garde-des-sceaux de France. (*Histoire des Grands Officiers de la Couronne,* tome VI, page 450, et tome VIII, pages 284, 285 et 286.)

Dans les maisons des reines et des princes et princesses, on a vu aussi revêtus du double titre d'argentiers et de maîtres de la chambre aux deniers, 1° en 1462, Pierre Artault, doyen de l'église de Saint-Martin de Tours; 2° de 1454 à 1492, Louis Ruzé, et après lui Jean Ruzé son fils, aïeux de Martin Ruzé, secrétaire-d'état et grand trésorier des ordres du Roi; 3° en 1478, Simon Brahier; 4° en 1479, Pierre Briçonnet, oncle de Robert Briçonnet, archevêque et duc de Reims, premier pair, garde-des-sceaux et chancelier de France en 1495, et de Guillaume Briçonnet, évêque de Saint-Malo, puis de Nismes, ensuite archevêque de Reims après la mort de Robert, son frère; et en dernier lieu de Narbonne, enfin cardinal de la sainte église romaine en 1495; 5° enfin, de 1493 à 1495, Nicolas Briçonnet, fils du cardinal, lequel n'avait été promu aux ordres sacrés qu'après la mort de Raoulette de Beaune, sa femme. (Manuscrit intitulé : *État des maisons des reines, princes et princesses de France,* existant à la Bibliothèque du Roi, pages 352, 355, 482 et 485; *Histoire des Grands Officiers de la Couronne,* tome VI, pages 426, 427, 428, 439, 440; et tome VII, page 492.)

magister (monsieur maître) (1), constatent qu'il a remplacé dans
les fonctions d'argentier du roi Godefroi du Temple; que ses recettes en matières et vaisselles d'or et d'argent ont commencé après
la reddition du compte de ce même du Temple, et se sont compo-
sées des matières et vaisselles remises tant par ce dernier que par Jean
Potin, Martin Marcel, N... Bregnon, Philippe Viart, Olivier Salzar et
Colin de Condet, les uns officiers de service, les autres orfèvres du
roi; qu'elles ont eu lieu depuis le mardi précédant la fête de Sainte-
Marie-Madelaine de l'année 1277 jusqu'au lendemain de l'octave
de la fête de Saint-Pierre et Saint-Paul de l'an 1283; que toutes ces
matières et vaisselles furent employées par lui tant pour le service
du roi que pour celui de la reine Marie de Brabant et pour celui
de Robert, comte de Clermont, frère du roi; enfin qu'une partie
de ces mêmes matières entra dans la fabrication de vaisselles que
Guillaume Jullien eut ordre de faire confectionner pour le compte
du monarque, et dont quelques-unes devaient être données en
présent au nom de ce souverain.

Guillaume Jullien continua l'exercice de ses fonctions sous le règne de Philippe le Bel, ainsi que le constatent cinq titres originaux
en parchemin existants à la Bibliothèque du Roi (2), et datés, le
1ᵉʳ du samedi après l'octave de l'Épiphanie de l'an 1298 (*v. st.*);
le 2ᵐᵉ du 19 janvier de la même année; le 3ᵐᵉ du lundi après le
dimanche (4ᵐᵉ dimanche de carême), où l'on chante *Lœtare, Jérusalem,* aussi de la même année; le 4ᵐᵉ du 17 mai 1299; et le 5ᵐᵉ du
mercredi après la fête de Pâques (célébrée le 19 avril) de cette
dernière année. Le premier, le troisième et le quatrième de ces
actes sont des mandements de Philippe le Bel adressés à ses trésoriers et portant ordre de remettre à Guillaume Jullien, qu'il
qualifie *dilectus magister aurifaber noster,* et auquel était confiée la
surintendance des fabrications en or ou argent, certaines quantités

----

(1) Ces rouleaux ont été conservés dans les archives de la chambre des comptes de Paris jusqu'au 28 octobre 1737, époque de l'incendie de celui des bâti-
ments de cette chambre qui renfermait l'ancienne chambre du trésor, qu'on
nommait *camera vetus thesauri,* et où ces rouleaux étaient déposés. Ils ont passé
depuis dans le cabinet de M. Fabre, avocat au parlement, et ils sont aujourd'hui
entre les mains de M. Jullien de Courcelles.

(2) Volume 62 des *Sceaux* provenants du cabinet de M. Clairambault, généalogiste des ordres du Roi, folio 4799.

de matières de ce genre que ce dernier employerait aux fabrications commandées par le monarque. Le second et le cinquième actes sont les reconnaissances de la remise de ces matières, souscrites par Guillaume Jullien et scellées d'un sceau en cire rouge représentant une tête d'une belle forme (probablement celle de Philippe le Bel), autour de laquelle on lit SECR.; sceau connu sous le nom de *sigillum secreti*, ou contre-sceau (1). Ce sceau est suivi du mot TUO, qui est une abréviation du mot latin INTUEOR, synonyme du mot *visa* (2).

Guillaume Jullien se trouve compris nominativement dans une liste, dressée vers l'an 1299, de 136 gentilshommes et autres personnes notables résidants alors à Paris, que Philippe le Bel ou les maîtres de la chambre du trésor avaient déclarés non assujétis au paiement d'un droit d'aide imposé en cette ville, et dont le recouvrement avait été confié à Pierre Béquet, receveur général des aides (3).

Guillaume Jullien paraît être décédé vers l'an 1316, et avoir été, en cette même année, remplacé dans la chambre aux deniers par Guillaume de Péronne, nommé dans un statut de Philippe le Long, daté de Lorris en 1317, et qui règle l'ordre et la comptabilité des paiements dont ce Guillaume de Péronne se trouvait chargé (4). Guillaume Jullien a eu pour fils :

1º Guillaume II, qui suit;

(1) Voyez le *Glossaire* de du Cange, t. VI, col. 464.

(2) Même *Glossaire*, t. VI, col. 1543. Charles Poupart, qui, cent ans plus tard, était argentier du roi Charles VI, et, comme tel, pareillement chargé de la surveillance ou direction des fabrications en or pour le compte du prince, signa, le 1er juin 1404, et scella de son sceau une reconnaissance d'une somme de 300 francs, qui lui avait été remise par l'un des receveurs-généraux des aides, pour acquitter le prix d'un collier d'or, *de l'ordre et devise du roi*, que ce monarque voulait donner à la femme de l'échanson du duc de Berry. (*Quittance originale* existante entre les mains de M. de Courcelles, et au bas de laquelle on lit ces mots : *Registrata, J. de Cantero.*)

(3) Cette liste est portée sur un rouleau en parchemin, ci-devant déposé, comme les deux rouleaux dont il a été parlé à la page précédente, dans les archives de la chambre des comptes de Paris, et étant aujourd'hui entre les mains de M. de Courcelles.

(4) Ce statut est transcrit dans le *Glossaire* de du Cange, t. II, col. 77.

2°. Pierre Jullien, qui fut nommé, en 1324, garde du trésor des Chartes du Roi, et en remplit les fonctions jusqu'en 1330. Il avait succédé dans cette place à Félix Colomby, lequel avait remplacé, en 1317, Pierre d'Estampes qui la possédait depuis 1305 et qui, en cette même année 1317, fut pourvu d'un canonicat en la Sainte-Chapelle du palais (1). Pierre Jullien, en 1327, joignit à cette place celle de secrétaire de la chambre des comptes de Paris, et signa en cette qualité quatre *lettres-royaux* de Charles le Bel et Philippe de Valois, datées de mars 1327, mars 1330 et août 1332, et expédiées en cette chambre (2).

II. Guillaume JULLIEN, II° du nom, écuyer, né vers l'an 1280, a rempli, depuis l'année 1317 jusqu'en 1330, les fonctions de notaire-secrétaire de Jeanne de Bourgogne, reine de France, épouse de Philippe le Long, et fille d'Othon IV, comte palatin de Bourgogne (3), charge dont il avait été pourvu par ordonnance datée du bois de Vincennes, au mois de décembre 1316 (4), et qui lui donnait le rang de sixième officier de la maison de cette princesse (5). Il joignit bientôt à ce titre de secrétaire de la reine, celui de l'un des secrétaires des commandements du roi. Ce fut en ces deux qualités qu'il signa l'ordonnance rendue à l'abbaye

---

(1) *Traités touchant les droits du Roi sur diverses provinces*, par Christophe Dupuy, 1655, pages 1006 et 1007.

(2) Ces quatre lettres sont insérées dans la collection des *Ordonnances des rois de France*, tomes II, p. 82; VIII, p. 49; et XII, pp. 502 et 503.

(3) Les notaires-secrétaires des rois et reines, ou secrétaires de leurs commandements et finances, étaient, aux treizième et quatorzième siècles, seuls chargés des dépêches secrètes, et des expéditions du sceau. C'est parmi les notaires-secrétaires du roi que furent pris, au quinzième siècle, les premiers secrétaires d'état, réduits, en 1547, par Henri II, au nombre de quatre, sous le titre de conseillers-secrétaires des commandements et finances du roi. (*Encyclopédie*, in-fol., tome XIV, au mot *Secrétaires d'état*, pp. 864 et 865.)

(4) Registre de la Chambre des Comptes de Paris, coté *Noster*.

(5) *État des maisons des reines, et des princes et princesses de la maison de France*, manuscrit à la Bibliothèque du Roi, p. 337, où se trouve un extrait du compte de la chambre aux deniers de Jeanne de Bourgogne rendu par Jean d'Argillières, maître de cette chambre, pour l'année 1320, compte dans lequel Guillaume Jullien est inscrit à la suite de Jean de Béthisy, cinquième officier de la maison de la reine. Le premier officier était Henri, sire d'Avaugour, maître-d'hôtel de la reine, issu d'une branche puinée de la maison de Bretagne. L'original de ce compte, écrit sur parchemin, est entre les mains de M. de Courcelles.

de Clairvaux, le 11 novembre 1319, par Philippe le Long et confirmée par la reine Jeanne, comme comtesse de Bourgogne, pour arrêter le cours des incendies qui étaient alors fréquents en Bourgogne sous le prétexte des guerres (1). Un autre secrétaire des commandements du roi, à la même époque, était Jean du Temple, qui, à ce titre, a signé d'autres ordonnances et *lettres-royaux* du même monarque et de Charles le Bel, datées de juin 1319, mars 1321 et janvier 1322 (2). Guillaume Jullien a eu pour enfants :

N....

1°. Guillaume III, qui suit ;

2°. Pierre Jullien, écuyer, qui embrassa la carrière militaire et fut du nombre des 300 hommes d'armes à cheval (3) aux gages du roi de France, Philippe de Valois, lesquels furent employés, avec 1000 sergents à pied, sous les ordres de Gaston III, comte de Foix et vicomte de Béarn, à la garde des frontières de terres appartenantes à ce monarque, et dont la revue fut faite, le 1ᵉʳ septembre 1345, par André *de Fazanio*, clerc du comte de Foix, en exécution de la lettre de ce comte du 21 août de la même année, et d'autres lettres de Robert *de Hantaloto*, chevalier, capitaine en Gascogne et Agenais pour le roi de France, datées du 24 du même mois d'août, et par lesquelles il était ordonné au comte de Foix de faire faire cette revue (4) ;

3°. Alain Jullien, écuyer, qui suivit aussi la carrière militaire. Il servit en qualité d'archer dans la compagnie de Jean de Tournemine, qui fit montre à Saint-Arnoult-en-Iveline, près Dourdan, le 21 novembre 1356, et qui était aux gages du roi de France (5). Le roi Jean était alors tuteur de Philippe de Rouvres, dernier des ducs de Bourgogne de la première race ;

---

(1) *Ordonnances des rois de France*, in-fol., tome I, p. 702, où l'ordonnance du 11 novembre 1319, rédigée en langue latine, est rapportée textuellement et est suivie de ces mots : *Per dominos, regem et reginam*, JULIANUS.

(2) *Mêmes ordonnances*, tomes I, pages 691 et 693 ; et XII, pages 458 et 476.

(3) Les hommes d'armes étaient tous gentilshommes, dit le P. Daniel dans son *Histoire de la Milice Française*, tome I, livre IV, page 214. Chaque homme d'armes avait sous ses ordres cinq hommes, savoir : trois archers, un coutilier ou un écuyer, et un page ou un valet.

(4) *Manuscrits de la Bibliothèque du Roi*; *Recueil de Doat*, volume 189, page 151, *Titres de Foix*, tome XXV, et *Trésor généalogique de D. Villevieille*, volume coté Hod-J-K.

(5) *Mémoires pour servir de Preuves à l'Histoire de Bretagne*, par D. Morice, t. I, col. 1502.

et c'est en cette qualité de tuteur de Philippe qu'il avait donné ordre à la noblesse de Bourgogne de se rendre en armes dans l'Ile-de-France. Elle y vint grossir par son zèle des secours qui furent malheureusement inutiles au roi (1);

DE LA BAULME : d'or, à la bande engrêlée d'azur.

4°. Huguette Jullien, mariée, en 1347, avec Humbert DE LA BAULME (2), chevalier, seigneur de Morterey, de l'Asne et de Langles, conseiller-d'état d'Amédée VI, comte de Savoie. Humbert avait assisté, le 16 juin de la même année 1347, en la ville de Châlons-sur-Saône, au traité de mariage de ce prince avec Jeanne de Bourgogne, fille de Philippe de Bourgogne, comte d'Artois (3), et avait de même été présent au traité d'alliance entre les maisons de Bourgogne et de Savoie juré le même jour par Eudes, duc de Bourgogne, en l'église de Châlons. Humbert de la Baulme, après

DE BEAUFORT : de gueules, à 3 écus d'hermine.

le décès de Huguette Jullien, épousa, en secondes noces, Alix DE BEAUFORT, dame de Neublans.

III. Guillaume JULLIEN, III° du nom, écuyer, a assisté comme témoin, avec un damoiseau et d'autres gentilshommes, à un acte passé à Paris, le 24 mars 1335 (4). Il a remplacé, avant l'année 1358, Guillaume Jullien, son père, II° du nom, dans les fonctions de l'un des secrétaires des commandements du roi, et les a exercées jusqu'en 1364. C'est à ce titre qu'il a signé, entr'autres actes émanés de l'autorité royale, divers mandements, ordonnances et lettres du roi Jean et de Charles, dauphin, régent du royaume pendant la captivité de ce monarque, datés des 25 janvier 1358, 26 juillet, 9 août et 7 septembre 1359, 2 février 1362, juin 1364 et juillet de la même année (5). Sur les deux mandements de l'année 1364,

(1) Discours préliminaire du *Catalogue des gentilshommes des États de Bourgogne*, page 5.

(2) Humbert de la Baulme était issu, au VII° degré, de Hugues de la Baulme, I°r du nom, qui assista à une donation faite par Guillaume, duc de Bourgogne, de la première race, au prieuré de Saint-Pierre de Mâcon, en 1096. (La Chesnaye des Bois, *Dictionnaire de la Noblesse*, in-4°, tome II, pages 78 et 89.)

(3) Guichenon, *Histoire de la maison royale de Savoie*, tome I, page 401, et *Histoire de Bresse et de Bugey*, III° partie, page 38.

(4) Cet acte est mentionné sous le n° 544 dans une table d'extraits de titres originaux dressée par l'auteur des *Étrennes de la Noblesse*, imprimées en 1785, laquelle est déposée dans les archives de M. de Courcelles.

(5) *Ordonnances des rois de France*, tomes III, pp. 238, 310, 357, 362, 367 et 609, et IV, pp. 444 et 473.

la signature de Guillaume Jullien est suivie de son visa et du mot CONTENTOR (1).

Guillaume Jullien, III° du nom, est présumé avoir laissé deux fils, à partir desquels seulement Palliot a établi la filiation de la famille Jullien. L'ordre des temps, la parité d'origine bourguignonne, celle de fonctions, enfin celle du prénom (*Guillaume*) qu'on remarque dans les trois premiers degrés, prénom qui est le même que celui d'un des deux frères, Gérard et Guillaume, signalés par Palliot, et qui s'est ensuite perpétué dans la famille, forment une présomption puissante de l'identité du sang, dans ces trois premiers degrés, et dans ceux qui les suivent. Ainsi, quoique cette identité ne soit pas littéralement prouvée, on considère comme fils de Guillaume Jullien, III° du nom :

N....

1°. Gérard I°', qui suit ;

2°. Guillaume Jullien, docteur ès-droits et lieutenant de Robert, seigneur de Bonnay, bailli de Mâcon (2). Ce Guillaume Jullien fut appelé, conjointement avec Guillaume de Saulieu, à la signature d'un compromis que Philippe le Hardi, premier duc de Bourgogne de la seconde race, fit souscrire, à Châlons-sur-Saône, le 23 juillet 1395, par Jean de Châlons, seigneur-baron d'Arlay et prince d'Orange, et par Humbert de Villars, entre lesquels il s'était élevé un différent par suite duquel ils étaient prêts d'en venir aux mains. Jean de Châlons avait des prétentions sur le comté de Genève du chef de Marie de Baux sa femme, fille de Raimond de Baux, prince d'Orange, et de Jeanne de Genève. Humbert de Villars avait été mis en possession du comté après la mort du pape Clément VII, son oncle. Par ce compromis, leur différent fut soumis à l'arbitrage de Gui, seigneur de la Trémoille et d'Oudard de Chazeron, chevaliers (3). Philippe le Hardi employa Guillaume Jullien en diverses autres circonstances. Celui-ci eut trois fils :

    A. Guillaume Jullien, qui suivit la carrière militaire. Il a figuré d'abord comme écuyer dans une montre du 31 août 1417, sous les ordres de Jean de Châlons, seigneur d'Arguel, chevalier banneret, laquelle montre, reçue par Jean de Vergy, maréchal de Bourgogne, comprenait une partie de l'armée rassemblée à Beauvais

---

(1) Voyez sur ce mot le *Supplément au Glossaire de du Cange*, par D. Carpentier, tome I, col. 1110, et l'*Encyclopédie*, in-fol., tome IV, p. 112.

(2) *Mesures de l'abbaye de l'Isle-Barbe*, par le Laboureur, tome II, p. 216.

(3) *Histoire civile et ecclésiastique de la ville de Châlons*, par Claude Perry, imprimée à Châlons en 1659, in-f°, page 259.

pour le service du duc de Bourgogne, qui allait de ses états de Flandre à Paris secourir le roi de France. Guillaume Jullien a figuré ensuite comme homme d'armes dans une autre montre du 6 avril 1434, reçue par Simon Doussens, échanson du duc de Bourgogne et commis pour cette revue par Philippe de Hochberg, comte de Fribourg et de Neufchâtel, gouverneur et capitaine général de Bourgogne, et comme tel Guillaume Jullien a servi pendant le siège de la ville de Coulanges-la-Vineuse (1), près d'Auxerre ;

B. Pierre Jullien, damoiseau, époux d'Alix Arod, fille de Falconnet Arod, seigneur de la Fay, et de Perronnelle de la Roche. Falconnet Arod fit un legs à sa fille par son testament du 4 février 1419 (2) ;

C. Jean Jullien, écuyer, rappelé avec Pierre Jullien, son frère, dans un acte d'amortissement fait par Claude de Ragny, seigneur de Trévilly (3). Jean Jullien vivait à Dijon en 1445.

IV. Gérard JULLIEN, Ier du nom, écuyer, seigneur en partie de Vaux-Busin et de la baronnie de Frolois (4), dont il rendit foi et hommage à Guillaume de Pontallier, seigneur de Talmay, naquit vers l'an 1345, et demeurait, en 1370, à Pouilly-sur-Saône, en Auxois. Il épousa Marie BARRAU, fille de Guillaume Barrau (5), de Pouilly, Ier du nom, descendu de Geoffroi Barrau, bailli de Châtillon-sur-Seine, en 1303. Gérard Jullien eut quatre fils :

---

(1) Les originaux des deux montres de 1417 et 1434 existent aux archives de l'ancienne chambre des comptes de Dijon.

(2) *Masures de l'Isle-Barbe*, tome II, page 216.

(3) Affranchissements du bailliage d'Auxois, dont les expéditions, datées de 1495, sont déposées aux archives de la chambre des comptes de Dijon.

(4) *Frolois* était une ancienne baronnie d'état du duché de Bourgogne. Au commencement du 17e siècle, cette baronnie est passée de la maison de Rochefort dans celle de du Ban de la Feuillée, en faveur de laquelle elle fut érigée en comté, par lettres-patentes du mois de mai 1684. La paroisse de Frolois, comprenant alors 124 feux, ou environ 600 habitants, est située à deux lieues N. N. E. de Flavigny, et à sept lieues N. O. de Dijon.

(5) Guillaume Barrau, secrétaire du roi Charles VI en 1405 et 1412, était fils de Guillaume Ier, et frère de Marie Barrau. (*Histoire de Bourgogne*, par dom Plancher, tome III, *Preuves*, pages 246 et 288.) Ce fut en cette qualité de secrétaire de Charles VI, que Guillaume Barrau, IIe du nom, signa, le 4 février 1411 (*v. st.*), les lettres de provisions de la charge de maréchal de France, que ce monarque accorda à Louis de Loigny, en remplacement du maréchal de Rieux. (*Éloges et Mélanges* du P. Philippe Labbe, 1651, page 705.)

AROD :
d'azur, à la fasce vairée d'argent et de gueules, surmontée de 3 étoiles d'azur.

DE LA ROCHE :
d'argent, à la fasce de sable.

BARRAU :
d'or, au lion de gueules.

1°. Monin Jullien, qui suit;

2°. Jacques Jullien, écuyer, qui, suivant une montre faite à Chinon, en Touraine, le 12 novembre 1418, servait, à cette époque, avec quinze autres écuyers sous sa charge et conduite, et avec plusieurs chevaliers et autres gentilshommes bourguignons, artésiens et bretons, entr'autres, avec Jean de Fismes, Pierre de la Grange, Charlot Bataille, Philippon de la Roche, Pierre de Lannoy, etc., dans une compagnie de deux cents hommes d'armes, et cent hommes de trait, commandée par Guillaume d'Avaugour, bailli de Touraine, que Charles, dauphin de Viennois et régent du royaume de France, (depuis Charles VII), avait chargé, par lettres du 23 octobre de la même année 1418, de la garde et défense de la province de Touraine, après la signature du traité conclu à Saint-Maur, le 16 septembre précédent, entre Jean sans Peur, duc de Bourgogne, le duc de Bretagne, les autres princes du sang royal et la reine de France, Isabeau de Bavière, femme de Charles VI (1);

3°. Olivier Jullien, écuyer, qui fut l'un des 14 écuyers bourguignons, artésiens, languedociens et auvergnats, que Guigon de Gavarret, seigneur de Saint-Didier, passa en revue à Carcassonne le 24 juin 1421 (2);

4°. Colinet Jullien, écuyer, qui, depuis l'année 1409 jusqu'en 1415, fut l'un des valets de chambre et gardes des deniers des coffres de Louis, duc de Guienne, dauphin de Viennois, époux de Marie de Bourgogne et frère aîné de Charles VII (3).

V. Monin JULLIEN, écuyer, seigneur en partie de Vaux-Busin et de Frolois, né vers l'an 1375, résidait, comme son père, à Pouilly-sur-Saône. Il paraît être mort avant l'année 1445, et est rappelé dans les actes de Huguenin, son fils, qui suit.

VI. Hugues ou Huguenin JULLIEN, Ier du nom, écuyer, seigneur de Reclaine (4), né vers l'an 1402, vendit tout ce que, dans la ba-

N...

---

(1) Mémoires pour servir de Preuves à l'histoire de Bretagne; par D. Morice, tome II, col. 986.

(2) Manuscrits de la Bibliothèque du Roi, vol. 52 des Sceaux, provenant du cabinet de M. Clairambault, fol. 3916, verso.

(3) État des maisons des reines et princes, à la Bibliothèque du Roi, page 470.

(4) Reclaine, nommé de nos jours Reclennes, est une paroisse de 62 feux, située entre Saulieu et Autun, à une lieue et demie N. N. O. de cette dernière ville. Au commencement du dix-septième siècle, cette terre passa dans la maison de Digoine, qui en prit le nom. Léonor de Reclaine, marquis de Digoine, époux de Marie de Damas, fille de Jean-Léonor, marquis de Damas d'Audour, transmit la terre de Reclaine à sa fille, qui s'allia à Louis Frotier, comte de la Coste-Messelière.

ronnie de Frolois, il avait recueilli de la succession de Monin Jullien, son père, à Gui Iᵉʳ, comte de Rochefort, qui fut depuis chancelier de France. Il acquit de Guyot de Roussillon, par contrat du 7 mai 1457, la terre de Reclaine. L'acte de l'acquisition de cette terre, et un autre acte du 29 août 1462, souscrit par Huguenin Jullien, son fils, ont été rappelés dans l'arrêt du grand-conseil du 19 août 1604. En 1455, Huguenin Jullien marcha avec l'armée que Philippe le Bon, duc de Bourgogne, envoyait pour combattre les Turcs. Ce prince, pour couvrir les dépenses de l'expédition projetée contre la Turquie, avait levé des contributions sur ses sujets. Huguenin Jullien, comme noble, refusa de se soumettre au paiement des subsides militaires imposés à la ville et au canton de Pouilly, et obtint, en la même année 1455, des lettres qui le déclarèrent noble et déchargèrent de toute contribution lui et la succession de Monin Jullien, son père (1). Huguenin mourut en 1457, et laissa pour fils Huguenin Jullien IIᵉ, qui suit.

N.....

VII. Huguenin JULLIEN, IIᵉ du nom, écuyer, seigneur de Reclaine, de Verrey-sous-Salmaise (2), de Villotte (3) et de Forcey (4), capitaine (gouverneur) de la Motte-Ternant et de Châteauneuf près de Sombernon (5), ensuite de Pouilly-sur-Saône, puis de Châtillon-sur-Seine, né vers l'an 1430, rendit hommage à Charles le Téméraire, duc de Bourgogne, en 1476, pour les fiefs de Villotte et de Forcey. Après la réunion du duché de Bourgogne à la couronne de France en la même année 1476, il obtint du roi Louis XI,

---

(1) Certificat donné, en 1455, par Geoffroi de Thoisy, bailli d'Auxois, et recherche des feux du bailliage d'Auxois pour la prévôté de Pouilly, conservés aux archives de l'ancienne chambre des comptes de Dijon.

(2) *Verrey-sous-Salmaise*, paroisse de 61 feux, située sur la rivière de Loze, à deux lieues de Vitteaux.

(3) *Villote-lès-Sainte-Seine*, paroisse située près Vitteaux.

(4) *Forcey*, paroisse de 41 feux, située à deux lieues et deux tiers E. de Chaumont-en-Bassigny.

(5) Huguenin Jullien fut remplacé dans la capitainerie de Châteauneuf, le 18 mars 1476, par Philibert Damas, surnommé Michau, seigneur de la Bazolle, chambellan du roi et pannetier du duc de Bourgogne. (*Histoire des Grands-Officiers de la Couronne*, par le P. Anselme, tome VIII, page 339).

le 30 septembre 1478, des lettres qui l'autorisaient à prendre possession du fief de Verrey. Il rendit hommage au même monarque, le 24 novembre 1479, pour la seigneurie de Reclaine, et souscrivit deux actes des 25 mai et 7 juillet 1481, relatés dans l'arrêt de 1604. Une déclaration des fiefs du bailliage d'Auxois, datée du 1er novembre 1503 (1), le rappelle comme possesseur de biens à Pouilly, et à Thoisy-le-Désert, en la prévôté de Pouilly. Huguenin Jullien servait en qualité d'homme d'armes dans la compagnie de Girard de Rossillon dès l'année 1462. Une lettre de Charles de Bauffremont, seigneur de Sombernon, rappelée par Palliot, porte cette suscription : « *A mon très-chier et spécial ami Huguenin Jullien, escuyer, capitaine de Pouilly.* » Une autre lettre, citée par le même auteur, et écrite, en 1466, par Geoffroi de Thoisy, bailli d'Auxois, offre une semblable suscription. Huguenin mourut en 1500 (2). Il avait épousé N.... DE CARRIÈRES, issue de la famille des seigneurs de Chaourses (3), de laquelle il laissa quatre fils :

DE CARRIÈRES-
CHAOURSES : d'argent,
à 5 trangles de gueu-
les.

1°. Gérard II°, dont l'article suit;

2°. Jean Jullien, écuyer, qui embrassa l'état ecclésiastique;

3°. Guillaume Jullien, écuyer, établi à Beaune, et père de :

Étienne Jullien, qui, après la réunion du duché de Bourgogne à la couronne de France, et lors de l'institution du parlement de Dijon, faite le 24 octobre 1480, en exécution de l'ordonnance rendue par Louis XI le 9 août précédent, pour remplacer le parlement de ce duché qui avait tenu ses séances à Beaune, fut l'un des officiers attachés à cette cour souveraine (4);

4°. Edme ou Aîmé Jullien, écuyer, licencié ès-lois, compris comme noble dans la recherche faite à Dijon en 1512 (5). Il fut d'abord conseiller du roi,

---

(1) Archives de l'ancienne chambre des comptes de Dijon.

(2) Palliot dit qu'à cette époque Huguenin II était âgé de 98 ans. C'est une erreur, occasionée par la confusion des deux existences de Huguenin Ier, et de Huguenin II, le premier étant né vers 1402.

(3) Louis de Carrières, chevalier, surnommé de Chaourses, avait épousé, vers 1400, Isabelle *de Beaumont*, fille de Jean de Beaumont, seigneur de Clichy, de Courcelles-la-Garenne et d'Onz-en-Bray, en 1380, issu par divers degrés de Jean de Beaumont, chambrier de France en 1240.

DE BEAUMONT :
d'azur, au lion d'or.

(4) *Parlement de Bourgogne*, par Palliot, page 29.

(5) Archives de l'ancienne chambre des comptes de Dijon.

bailli d'Arnay-le-Duc, en 1503, pour la princesse d'Orange, puis bailli du comté de Charny en 1504, et enfin, en 1506, conseiller du roi, lieutenant de Philippe Baudot, seigneur de Chaudenay, gouverneur de la chancellerie de Bourgogne (1). Il vécut jusqu'en 1527.

VIII. Gérard JULLIEN, II° du nom, écuyer, seigneur de Reclaine et de Verrey-sous-Salmaise, souscrivit divers actes des 19 décembre 1490, 15 juin 1492 et 28 mai 1493, vérifiés dans l'arrêt du grand-conseil du 19 août 1604. Il fournit, en 1502, une reconnaissance à l'abbaye de Sainte-Marguerite de Beaune pour un cens dû à cette abbaye sur la quatrième partie d'un moulin situé au village de Baulme, et sur un héritage près Créancey (2). Gérard Jullien possédait aussi des héritages à Thoisy-le-Désert (3). Il avait épousé, vers 1475, Antoinette DE CARRIÈRES, sa parente, fille de N...., de Carrières, seigneur de Pons. De ce mariage sont issus huit enfants :

DE CARRIÈRES : comme à la page précédente.

1°. Edme I°°, dont l'article suit;
2°. Guillaume Jullien, écuyer, bachelier ès-décrets, d'abord curé de Fresnay, puis doyen de l'église collégiale de Saint-Jean de Dijon, qui, le 17 juin 1524, fit faire une enquête juridique pour constater son ancienne extraction noble, enquête visée dans l'arrêt de 1604;
3°. Nicolas Jullien, auteur de la branche des *seigneurs de Reclaine* et *de la Chapelle-sous-Brancion*, rapportée en son rang;
4°. Alain Jullien, écuyer, seigneur de Reclaine en partie, et de la Tour de Charrey (4), capitaine du châtel de Villeneuve, près Arnay-le-Duc, pour le sire de Ruffey, et de Commarin. Il n'eut point d'enfants de Françoise DE MONTMÉGIN, son épouse, dame de Crécy-le-Châtel, fille de Jacques de Montmégin, écuyer, seigneur de Lesdaurées (5), et d'Isabeau de VILLAINES, dame de Crécy. Alain Jullien mourut en 1553, et fut inhumé en

DE MONTMÉGIN : échiqueté d'or et d'azur.

DE VILLAINES : d'argent, à 3 lions de sable.

_____

(1) Troisième registre de la chambre des comptes de Bourgogne, folio 228.
(2) *Terrier des terres, seigneuries et revenus de l'Abbaye de Beaune*, folio 386; verso, aux archives de l'ancienne chambre des comptes de Dijon.
(3) Reprises de fiefs du bailliage d'Auxois pour l'année 1504, aux mêmes archives.
(4) *Charrey* : paroisse de 60 feux, située sur un ruisseau à une lieue S. E. de Citeaux.
(5) Jacques de Montmégin descendait de Guillaume, seigneur de Montmégin, damoiseau, fils de Perrin de Montmégin, lequel Guillaume rendit aveu et dénombrement, en 1308 et 1311, pour les maison, domaine et seigneurie de Montmégin, situés dans le Beaujolais. (*Registre des aveux existants aux archives*

l'église de Pouilly, où sa tombe a été conservée jusqu'en 1790. Le partage de sa succession, fait le 25 octobre 1554, est rappelé dans l'arrêt de 1604. Françoise de Montmégin, veuve d'Alain Jullien, en sa qualité de dame de Crécy, signa, le 8 novembre de la même année 1554, un affranchissement de droits en faveur de Mongeot Belorgey, prêtre, mainmortable de la seigneurie de Crécy;

5°. Marguerite Jullien, mariée, en 1515, avec Philibert VALON, fils de Jean Valon, écuyer, châtelain de Salmaise et maréchal-des-logis de Philippe le Bon, duc de Bourgogne;

VALON : d'azur, à la licorne d'argent.

6°. Jeanne Jullien, épouse de Claude DE CHAMILLY (1);

7°. Autre Jeanne Jullien, femme de Huguenin PELLECHIEN;

8°. Pierrette Jullien, alliée à Jacob COUSIN, maire de Poiseul.

COUSIN : d'azur, à l'étoile d'argent, accompagnée de 3 roses d'or.

IX. Edme JULLIEN, Ier du nom, écuyer, licencié ès-lois, seigneur de Verrey-sous-Salmaise, de Verchisy-lès-Saint-Thibault, en Auxois, de Montanerot, de Clamerey (2) et de la Cosme-sous-Mont-Saint-Jean, fut successivement bailli de Chaussin et de la Perrière, et lieutenant-général au bailliage d'Auxois, sur la démission de Gauthier Brocard, son beau-père, décédé le 30 mai 1505; puis il fut nommé lieutenant-général au bailliage de Dijon, et fut compris dans la déclaration des nobles vivants en cette ville, le 10 septembre 1507 (3). Enfin, il fut reçu, le 29 avril 1516, conseiller au parlement de Bourgogne. Edme Jullien mourut en 1519, et fut inhumé en l'église de Pouilly-sur-Saône. Il laissa neuf enfants des deux mariages qu'il avait contractés, le premier avec Marie DE BERBISEY, fille d'Étienne de Berbisey, IIe du nom, conseiller au parlement de Dôle, en 1473, puis garde-des-sceaux de la chancellerie de

DE BERBISEY : d'azur, à la brebis d'argent, paissant sur une terrasse de sinople.

---

du royaume, numéroté 489, pages 149 et 285; *Noms féodaux*, ouvrage publié en 1825 par M. l'abbé de Bettencourt, ancien bénédictin, 1re partie, volume II, page 674).

(1) Claude de Chamilly appartenait à la famille de Robert de Chamilly, prieur de Tissey, qui, conjointement avec Robert de Lugny, chancelier de Bourgogne, Jean de Marigny, prieur de Saint-Simphorien d'Autun, etc., avait assisté à la tenue du parlement de Bourgogne en la ville de Beaune, en l'année 1357. (*Parlement de Bourgogne*, par Palliot, page 5.)

(2) *Clamerey*, paroisse de vingt-trois feux, située sur la rivière d'Armançon, à deux lieues S. E. de Sémur en Auxois.

(3) Archives de la chambre des comptes de Dijon.

3*

Bourgogne, et vicomte maïeur de Dijon (1); et de Charlotte Vyon (2); le second avec Philiberte BROCARD, morte en 1531, fille de Gauthier Brocard, conseiller au parlement de Bourgogne, et de Marie FLAMENT, savoir :

Du premier lit :

1°. Étienne, dont l'article suit ;

2°. Claudine Jullien, femme de Jean MARTENNE, dont elle eut François et Jeanne Martenne ;

Du second lit :

3°. Edme ou Aimé Jullien, dont il sera parlé à la suite des enfants de son frère aîné ;

4°. Guyot Jullien, auteur de la branche des *seigneurs de Halopin et des Masures*, rapportée ci-après ;

5°. Jean Jullien, écuyer, qui, dans sa jeunesse, suivit la carrière militaire et servit en qualité d'archer dans la compagnie de 60 hommes d'armes des

---

(1) Etienne de Berbisey était fils d'Étienne de Berbisey, Ier du nom, écuyer, marié, en 1400, avec Marguerite *Poissonnier*. Ce dernier était fils de Pierre de Berbisey et d'Odette de *Momant*, et frère d'André de Berbisey, seigneur de Pouilly et chambellan du duc de Bourgogne, qui, de son mariage avec Françoise *de la Guiche*, eut pour enfants Henri de Berbisey, seigneur de Pouilly, maître d'hôtel du duc de Bourgogne, marié, en 1431, avec Jeanne *de la Baulme*, Louise de Berbisey, femme de François *de Harlay*, chambellan de Charles VII, roi de France, et Nicole de Berbisey, mariée à Jacques *de Boulainvilliers*, seigneur de Villeneuve-le-Comte. Thomas de Berbisey, frère consanguin de Marie de Berbisey, femme d'Edme Jullien, a eu pour fils Claude de Berbisey, marié avec Marguerite *de la Perrière*, et père de Marguerite de Berbisey, qui a épousé Bénigne *de Frémiot*, seigneur de Tostes, président à mortier au parlement de Dijon, en 1581, puis conseiller d'état et vicomte maïeur de Dijon, en 1595, dont elle a eu Jeanne-Françoise de Frémiot, mariée avec Christophe *de Rabutin*, baron de Chantal, canonisée par le pape Clément XIII, en 1767, et aïeule de la célèbre Marie de Rabutin-Chantal, mariée avec Henri *de Sévigné*, maréchal-de-camp et issu de l'une des plus anciennes familles de Bretagne.

(2) Charlotte Vyon était fille de Gérard Vyon, IIe du nom, procureur-général au parlement de Dôle, et d'Églantine *Perrault*. Gérard Vyon, Ier du nom, son aïeul, avait été nommé par Philippe le Bon, duc de Bourgogne, l'un des conseillers ordinaires de son conseil, par lettres du 12 janvier 1437, dont l'original existe dans les registres de l'ancienne chambre des comptes de Dijon, et dont une copie fidèle fait partie du manuscrit intitulé : *État des maisons des reines et princes*, déposé à la Bibliothèque du Roi.

---

ordonnances du roi et de 120 archers, commandée par Jean d'Estanson, chevalier, dont la revue fut faite au camp de la Piave, en Italie, le 16 septembre 1511 (1). Jean Jullien embrassa la vie monastique dans un âge avancé;

6°. Bernard Jullien, écuyer, seigneur d'Arcenay (2), de Chevannay (3), et de Verrey en partie, qui mourut célibataire en 1567. Il avait acquis des enfants de Jean de Ruffey, écuyer, par acte passé devant Edme Poillechat, notaire à Dijon, le 17 décembre 1551, tout ce qui leur appartenait dans la terre et seigneurie de Chevannay. Il en avait acheté d'autres portions d'Antoine d'Orge, écuyer, suivant un acte de reprise de fief du 13 novembre 1567, et de damoiselle Jeanne de Malain par autre acte du 28 juin 1563, suivi d'une reprise de fief du 6 septembre de la même année. Il avait été compris, en 1554, comme co-seigneur d'Arcenay, dans l'arrière-ban du bailliage d'Auxois (4). Le partage de sa succession s'est fait devant notaire à Dijon, le 18 janvier 1567;

7°. Émilian Jullien, écuyer, seigneur de la Cosme, d'Arcenay (terre qui lui était échue de la succession de Bernard, son frère), de Collonge (5), et de Marcilly-lès-Mont-Saint-Jean (6), conseiller du roi en ses conseils. Il fut pourvu de la charge d'avocat-général de S. M. en la chambre des comptes de Dijon par lettres de provisions de Henri II, du 21 mars 1549 (v. st.) (7), sur la résignation de cet office faite en sa faveur par Bernard Griveau, son grand-oncle, provisions renouvelées par autres lettres données à Melun, le 28 décembre 1568 (8). Émilian Jullien acquit, le 29 novembre 1555, de Jean Boni, par contrat passé devant Claude Poillechat, notaire à Dijon, divers héritages situés près le village de Normier, et francs de toute servitude. Le 18 mars 1558, par autre acte passé devant le même notaire, il transigea sur procès avec Edme Jullien, son neveu, seigneur de Verchisy, relativement à la reddition des comptes de l'administration qu'il avait eue des biens de ce dernier; et cette transaction fut arrêtée en présence d'É-

---

(1) *Rôle original* conservé dans les archives de la famille.

(2) *Arcenay* ou *la Cour d'Arcenay*, paroisse de quatorze feux, située entre Sémur et Saulieu, à une lieue et demie N. de cette dernière ville. Le château d'Arcenay est à une demi-lieue N.-E. de la paroisse.

(3) *Chevannay*, paroisse de trente-neuf feux, située sur la petite rivière d'Ozerain, à deux lieues O.-N.-O. de Vitteaux.

(4) Archives de l'ancienne chambre des comptes de Dijon.

(5) *Collonge*, paroisse de quatorze feux, située à deux lieues N. de Nuits.

(6) *Marcilly-lès-Mont-Saint-Jean*, hameau distant de trois lieues de la ville de Saulieu.

(7) Cinquième registre de la chambre des comptes de Bourgogne, folio 167.

(8) Huitième registre de la même chambre des comptes, folio 835.

GRIVEAU :
d'azur, au chevron d'or, surmonté d'une molette d'éperon d'argent et accompagné de 3 taux d'or.

CHISSERET :
d'azur, au cerf d'or.

TRICAUDET :
d'azur, au chevron d'or, adextré d'une étoile du même.

DE VILLERS :
d'azur, à 3 roses tigées d'or.

FILSJEAN :
d'azur, au chevron d'argent, accompagné de 3 étoiles du même ; au chef d'or, chargé de 3 croisettes patées de gueules.

LE ROUGE :
de gueules, au sautoir d'argent.

DE LA GRANGE :
d'azur, au chevron d'or, chargé d'un croissant de gueules, et accompagné en chef de 2 étoiles d'or, et en pointe d'une rose d'argent.

ARVISET :
de gueules, au chevron d'or, accompagné en chef de 2 larmes d'argent, et en pointe d'une étoile d'or.

BOUHIER :
d'azur, au bœuf d'or, passant sur une terrasse de sinople.

FYOT :
d'azur, au chevron d'or, accompagné de 3 losanges du même.

VALON :
d'azur, à la licorne d'argent.

tienne Jullien, seigneur de Verrey, et d'Edme Jullien, seigneur de Reclaine, proches parents des parties intéressées. Charles IX, par lettres données à Avignon le 27 septembre 1564, accorda à Émilian Jullien une pension annuelle de cent vingt liv. tournois, en considération de ses services comme avocat-général. Émilian Jullien siégea à la chambre de la noblesse des états de Bourgogne en 1578 (1), et résigna son office en faveur d'Émilian Arviset, son petit-fils, le 29 mai 1600. Il avait épousé Catherine POIRETET, fille de Pierre Poiretet, et de Jeanne GRIVEAU. Il mourut le 10 mai 1604 : sa femme ne lui survécut que jusqu'au 7 août 1606. Ils furent inhumés l'un et l'autre dans l'église des Cordeliers, à Dijon, devant la porte du chœur, où leurs épitaphes, rappelées par Palliot, existaient encore au moment de la révolution. Ils laissèrent trois filles :

A. Marie Jullien, alliée avec Nicolas CHISSERET, fils de Philibert Chisseret, conseiller au parlement de Dijon en 1554, et de Jeanne TRICAUDET, lequel Nicolas Chisseret a eu pour fille Jeanne Chisseret, mariée avec Pierre DE VILLERS, écuyer, par contrat passé devant Jacquin, notaire à Dijon, le 14 juillet 1603, en présence d'Émilian Jullien, aïeul maternel de Jeanne ;

B. Anne Jullien, mariée, 1°, avec Étienne FILSJEAN, seigneur de la Chaume et de la Grandmaison, lieutenant-général au bailliage d'Avallon, fils de Georges Filsjean (2), lieutenant-général au même bailliage, et de Reine LE ROUGE ; 2°, avec Antoine DE LA GRANGE, seigneur de Montilles, de Magny-lès-Sémur et de Saint-Antost, conseiller au parlement de Dijon en 1576 ;

C. Catherine-Marguerite Jullien, femme de Bénigne ARVISET, fils de Richard Arviset, secrétaire du roi, et de Louise BOUHIER. Elle devint héritière des terres de la Cosme, de Collonge et de Marcilly, qui passèrent ainsi dans la maison d'Arviset ; et elle eut pour fils Émilian Arviset qui a épousé Marie FYOT, et a aussi été seigneur de la Cosme, de Collonge et de Marcilly. Après avoir exercé d'abord, par suite de la résignation d'Émilian Jullien, son aïeul, les fonctions d'avocat-général en la chambre des comptes de Dijon, il est passé, en 1606, de cette place à celle de conseiller au parlement de Bourgogne.

Du mariage d'Émilian Arviset et de Marie Fyot, est née Anne Arviset, mariée avec Jacques VALON, seigneur de Mimeure et de Flacière, président du bureau des finances de Bourgogne et de Bresse, père d'Émilian Valon de Mimeure, reçu chevalier de l'ordre de Saint-Jean de Jérusalem, *dit* de Malte, au grand-prieuré de Champagne, le

_____

(1) *Catalogue des gentilshommes des États de Bourgogne,* page 15, col. 2me.

(2) Georges Filsjean descendait de Pierre Filsjean, seigneur de Brécy, marié, en 1487, avec Germaine *Lardery.*

7 août 1664, après avoir fait ses preuves de noblesse paternelle et maternelle, preuves dans lesquelles la noblesse de Catherine-Marguerite Jullien, sa bisaïeule, a été jurée et reconnue (1);

8°. Marguerite Jullien, morte sans alliance;

9°. Bénigne Jullien, dame en partie de Verrey-sous-Salmaise, mariée avec Jacques de Thésut (2), IIᵉ du nom, seigneur de Ragy et de Chareconduits, conseiller enquêteur au bailliage de Châlons, fils de Jacques de Thésut, Iᵉʳ du nom, seigneur des mêmes lieux, et de Jeanne de Récourt. C'est par suite de ce mariage que la terre de Verrey est passée dans la maison de Thésut (3). Bénigne Jullien fit à ses enfants, en l'année 1549, une donation registrée, en la même année, au greffe du bailliage de Châlons.

X. Étienne **JULLIEN**, écuyer, seigneur en partie de Verrey, était d'abord bailli de Pouilly-sur-Saône, en 1520 (4). Il exerça ensuite

---

(1) *Registre manuscrit des preuves des chevaliers de Malte reçus au grand prieuré de Champagne*, existant à la bibliothèque de l'Arsenal à Paris.

(2) Jacques de Thésut, IIᵉ du nom, est nommé dans l'acte de baillisterie de ses neveux, enfants d'Anne de Thésut. Il y est qualifié noble et seigneur de Chareconduits. Il testa en 1581, et ordonna que son corps fût inhumé dans la chapelle de ses ancêtres, en l'église des Carmes de Châlons-sur-Saône, près de celui de son père et de Bénigne Jullien, sa femme, qu'il rappelle dans son testament, et dont il veut que les armes soient gravées, avec les siennes, sur leur tombe commune, laquelle chapelle avait été fondée par Louis de Thésut, seigneur de Ragy et de Colombiers dès l'année 1475.

L'un des descendants de Jacques de Thésut et de Bénigne Jullien a été Claude de Thésut, comte de Verrey, qui a épousé Marie-Anne *de Clugny*, fille de Charles de Clugny, marquis de Thenissey, et de Marie *de Choiseul*. (*Supplément au Dictionnaire de la noblesse de la Chesnaye des Bois*, t. II, pp. 589 et suiv.) Ce Claude de Thésut a eu pour fils Guillaume de Thésut, aussi comte de Verrey et seigneur de Chareconduits, marié avec N.... *de Machéco*, sœur de Palamède, comte de Machéco, lequel a épousé l'une des nièces de François-Charles *Bataille de Mandelot*, commandeur de l'ordre de Saint-Jean de Jérusalem.

Catherine de Thésut, aussi issue de Jacques de Thésut et de Bénigne Jullien, et fille de Jean de Thésut, chevalier, seigneur de Ragy, ancien conseiller au parlement de Metz, a épousé, par contrat du 15 novembre 1717, Jean-François-Antoine *de Clermont*, marquis de Montoison.

(3) La terre de Verrey est aujourd'hui possédée par madame la comtesse *de Dormy*, née de Thésut, et dernier rejeton de cette famille.

(4) *Compte du châtelain de Pouilly* pour l'année 1520, aux archives de la chambre des comptes de Dijon.

DE **THÉSUT** :
d'or, à la bande de gueules, chargée de 3 flanchis d'or.

DE **RÉCOURT** :
écartelé, aux 1 et 4 de gueules, au chevron d'argent, accompagné de 3 étoiles d'or; une divise du même en chef, surmontée de 3 étoiles aussi d'or; aux 2 et 3, partis d'or et d'argent, à 3 têtes de chérubins de gueules bien ordonnées.

DE **CLUGNY** :
d'azur, à 2 clefs d'or antiques en pal, adossées et entretenues.

DE **CHOISEUL** :
d'azur, à la croix d'or, cantonnée de 18 billettes du même.

DE **MACHÉCO** :
d'azur, au chevron d'or, accompagné de 3 têtes de perdrix arrachées du même.

BATAILLE :
d'argent, à 3 flammes de gueules, mouvantes du bas de l'écu.

DE **CLERMONT** :
de gueules, à 2 clefs d'argent, passées en sautoir.

DE **DORMY** :
d'argent, au chevron de gueules, accompagné en chef de 2 perroquets affrontés de sinople, et en pointe d'un tourteau de sable.

les fonctions de maître extraordinaire en la chambre des comptes de Dijon, jusqu'à l'époque du 15 mars 1524, jour auquel il fut remplacé dans cet office par Étienne de Frasans, et fut pourvu de l'un des quatre offices de conseillers au parlement de Bourgogne qui avaient été créés par le roi François Ier au mois de juin 1523. Étienne Jullien fut reçu dans ce parlement le 11 avril 1524, et il en est décédé doyen, avant l'année 1562. Étienne Jullien, et Philiberte de Carrières, veuve de Louis Bongars, furent maintenus conjointement, comme co-seigneurs de Verrey, par sentence du bailli de la Montagne, du 2 décembre 1522, en la possession d'un droit d'usage dans les bois de la seigneurie de Salmaise, tant pour le service de leur four bannal de Verrey que pour leurs autres nécessités : c'était la duchesse de Longueville, dame de Salmaise, qui leur contestait ce droit. Étienne Jullien épousa, en premières noces, Jeanne DES BARRES, fille de Philippe des Barres, écuyer, seigneur de Massingey et d'Ampilly (1), et de Marguerite BOCQUET, laquelle Jeanne des Barres, alors femme d'Étienne Jullien, fonda, en 1523, une chapelle en l'église paroissiale d'Arconcey (2). Étienne

Marginal notes (left column):

DES BARRES :
d'azur, au chevron d'or, accompagné de 3 coquilles du même.

BOCQUET :
d'azur, à 4 quintefeuilles d'or, posées 2 et 2.

DE CHAUMONT :
d'argent, à 4 burelles de gueules.

DE DREUX :
échiqueté d'or et d'azur; à la bordure engrêlée de gueules.

DE FRANCE :
d'azur, semé de fleurs de lys d'or.

DE PACY :
de gueules, à 3 pals de vair; au chef d'or, chargé de 3 coquilles de gueules.

DE CHATEAUDUN :
d'azur, au chef d'or,

---

(1) Philippe des Barres vivait encore en 1480, et était fils de Thibault des Barres, capitaine (gouverneur) de la ville d'Auxonne et écuyer du dernier duc de Bourgogne, Charles le Téméraire, tué devant Nancy en 1476. Thibault des Barres était fils de Jean des Barres, chevalier, seigneur des Bois et de Serey, conseiller et chambellan de Philippe le Bon, duc de Bourgogne, en 1385, qui avait pour trisaïeul Guillaume des Barres, IIIe du nom, arrière-petit-fils de Frédelus des Barres, vivant en 1098, dont le fils, Guillaume des Barres, Ier du nom, et auteur de toutes les branches de la maison de ce nom, eut pour l'un de ses descendants, au quatrième degré, Jean des Barres, maréchal de France en 1318. Ce Guillaume des Barres, Ier du nom, avait épousé Hélissende, dame de *Chaumont-sur-Yonne*. Jean des Barres, maréchal de France, eut pour fille Isabeau des Barres, mariée à Robert *de Dreux*, IVe du nom, seigneur de Bagneaux et d'Amboile, mort après 1351, et qui descendait, au huitième degré, de Robert *de France*, comte de Dreux, cinquième fils de Louis VI, dit le Gros, roi de France; et un autre Jean des Barres, chevalier, seigneur de Champrond, fils de Guillaume, IVe du nom, et d'Isabeau de *Pacy-Châtillon*, a épousé Clémence *de Dreux*, fille de Robert de Dreux, Ier du nom, vicomte de Châteaudun, vivant en 1253, et de Clémence, vicomtesse de *Châteaudun*. (*Registres manuscrits du cabinet du roi*, t. II, p. 71, et t. IV, pp. 116 et 117; et *Histoire des Grands-Officiers de la Couronne*, t. I, pp. 431 et 434, et t. IV, p. 686).

(2) Archives de la chambre des comptes de Bourgogne.

Jullien épousa, en secondes noces, ANNE DE BEAUMONT, fille d'Aimé
de Beaumont, conseiller du roi, lieutenant-général au bailliage de
Châlons. Étienne Jullien et Anne de Beaumont, sa seconde femme,
se firent, devant Claude Poillechat, notaire à Dijon, le 5 août 1557,
une donation réciproque, en faveur du survivant, de l'usufruit de
tout ce qu'ils possédaient à Verrey, et en assurèrent la propriété
à François et André Jullien, leurs fils, alors émancipés, avec subs-
titution au profit des aînés de leurs descendants. Le 5 février 1562,
par autre acte passé devant Jean Morel, notaire à Dijon, Anne de
Beaumont transigea avec Claudine Jullien, alors veuve de Philibert
Loyseleur, et fille du premier lit d'Étienne Jullien, relativement
à la succession de ce dernier et à celle de Denis Jullien, son fils du
même lit. Les 22 mars et 17 septembre 1563, par deux autres
actes, reçus par le même notaire, Anne de Beaumont fit des ac-
cords avec Pierre Bocquet, comme mari de Philiberte Jullien, et
avec François Jullien, relativement à la succession d'Étienne Jullien. Enfin, par un dernier acte du 6 mai 1566, la même Anne de
Beaumont souscrivit une constitution de rente tant en son nom
qu'en celui de François Jullien, son fils. Étienne Jullien a eu pour
enfants;

Du premier lit :

1°. Denis Jullien, écuyer, mort avant l'année 1562;

2°. Claudine Jullien, mariée avec noble Philibert LOYSELEUR, morte sans
enfants;

Du second lit :

3°. François, dont l'article suit;

4°. André Jullien, écuyer, mort sans alliance avant l'année 1562;

5°. Marie Jullien, qui s'est alliée, en 1548, avec Jean ANCHEMANT, et lui
a donné pour fils :

Étienne Anchemant, seigneur de Verrey en partie, homme d'armes de
la compagnie de Gaspard de Saulx de Tavannes, depuis maréchal de
France. Il a épousé, en 1572, Marguerite LANGUET (1), dont il a eu
des enfants;

DE BEAUMONT :
palé d'or et de gueu-
les; au chef d'argent,
chargé de 3 merlettes
de sable.

ANCHEMANT :
d'azur, au chevron
d'or, accompagné de
3 rocs d'échiquier du
même.

LANGUET :
d'azur, au triangle
cléché et renversé
d'or, chargé de 3 mo-
lettes d'éperon de
gueules, posées une à
chaque extrémité du
triangle

(1) *Armorial général manuscrit de la chambre de la Noblesse des états de Bour-*
gogne, existant à la bibliothèque de l'Arsenal, à Paris, et coté 747 et 748.
La famille Languet, dont le premier auteur, Lambert Languet, s'était établi à
Vitteaux, en Auxois, en 1373, a été illustrée par plusieurs de ses membres, d'a-

DAVID :
d'azur, à la harpe
d'or, accompagnée
de 3 grillets du mê-
me.

GIRARD :
d'azur, à 3 trèfles
d'or.

MARÉCHAL :
de gueules, à 3 molet-
tes d'éperon d'or; au
chef du même.

GIRAULT :
d'azur, à la fasce d'or,
accompagnée de 3 tê-
tes de loup du même.

BOCQUET :
d'azur, à 4 quinte-
feuilles d'or, posées
2 et 2.

BROCARD :
d'azur, à 3 chevreuils
d'or.

6°. Marguerite Jullien, épouse de Jean DAVID, avocat au parlement;

7°. Bénigne Jullien, mariée 1° avec Thibault GIRARD, écuyer, échevin de la ville de Dijon, dont elle a eu une fille, Anne Girard, qui a épousé François MARÉCHAL, président en la chambre des comptes de Dijon; 2° avec Antoine GIRAULT, écuyer, dont elle n'a point eu d'enfants;

8°. Philiberte Jullien, femme de Pierre BOCQUET;

9°. Anne Jullien, mariée avec Jean BROCARD, conseiller du roi, auditeur en la chambre des comptes de Dijon. Elle donna, en 1605, aux pères de la compagnie de Jésus une maison, sise à Dijon, pour être vendue après sa mort, et les deniers en provenants être employés à la construction d'une église, ou de classes, ou d'une maison de campagne, à leur choix.

XI. François JULLIEN, écuyer, docteur ès-droits, seigneur de Verrey, a été déclaré noble en l'assemblée du 18 mai 1576, qui a précédé l'ouverture des états de Blois (1). Par acte passé devant Jean Morel, notaire à Dijon, le 23 avril 1567, il partagea avec ses cinq sœurs germaines et leurs maris, nommés plus haut, les successions d'Étienne Jullien et d'Anne de Beaumont, leurs père et mère. Il épousa, le 1er mars 1570, Denise BEUVERAND, fille de Claude Beuverand, seigneur de la Loyère et de Panissière, lieutenant-général en la chancellerie de Bourgogne pour le bailliage de Châlons, et de Philippe JEHANNIN, et mourut, sans laisser d'enfants, au mois de décembre 1587.

BEUVERAND :
d'azur, au bœuf d'or,
couronné de gueules.

JEHANNIN :
d'azur, à trois bandes
d'or; au chef du mê-
me, chargé de 2 é-
toiles de gueules.

bord par Denis Languet, comte de Rochefort, baron de Saffres, de Gergy, de Saint-Côme, etc., procureur-général au parlement de Dijon, mort en 1680, ensuite par ses six fils, Guillaume Languet, conseiller d'honneur au même parlement; Jacques-Vincent Languet, gentilhomme ordinaire de la chambre du roi, et son envoyé extraordinaire auprès du duc de Wurtemberg, puis auprès des ducs de Mantoue et de Parme, enfin ambassadeur à Venise, décédé en 1723; Pierre-Bénigne Languet, baron de Montigny-sur-Vingeanne, grand-bailli de Calp, chambellan de l'électeur de Bavière, maréchal-de-camp et général de la cavalerie wurtembergeoise, mort en 1743; Jean-Baptiste-Joseph Languet, docteur de Sorbonne, abbé de Bernay, et curé de la paroisse Saint-Sulpice de Paris, décédé en 1750; Lazare Languet, abbé de Saint-Sulpice, en Bugey, et de Morimont, mort en 1736; et Jean-Joseph Languet, aumônier de madame la Dauphine, d'abord évêque de Soissons, puis archevêque de Sens, et membre de l'Académie française, décédé en 1753.

(1) *Manuscrits de dom Villevieille* à la Bibliothèque du Roi, inventaire de Dijon, folio 51.

X. Edme ou Aimé JULLIEN, II° du nom, écuyer, licencié ès-droits, seigneur de Verrey en partie, de Verchisy-lès-Saint-Thibault (1), de Clamerey et de Montanerot, frère consanguin d'Étienne, et fils puîné d'Edme Jullien, I° du nom, est nommé dans deux arrêts des 15 mars 1531 et 14 août 1532, comme possédant la seigneurie de Verchisy, conjointement avec Jean, Bernard, Émilian et Bénigne Jullien, ses frères et sœur, et dont le premier a été rendu en faveur de François des Jours, seigneur de Mazille, et de Françoise Troussebois, son épouse, relativement à l'exécution d'un traité relatif à cette seigneurie. Il fut reçu conseiller au parlement de Dijon, le 19 janvier 1537 (v. st.), et fut l'un des deux membres de cette cour en présence desquels Joachim de la Baume, seigneur de Châteauvillain, lieutenant de roi, en l'absence du duc de Guise, au gouvernement de Bourgogne, rendit, le 14 février 1544, une sentence arbitrale sur des différents qui s'étaient élevés entre Guillaume d'Eltouf, écuyer, seigneur de Sirot et de Poinson, Jean d'Eltouf de Pradine, et Jean de Chastenay, époux de Jeanne d'Eltouf, au sujet de la succession de Guillemette d'Angoulevent, leur mère, femme de Robert d'Eltouf de Pradine, capitaine de la justice et podestat de la ville de Milan sous Louis XII en 1502 et 1507, et de celle de François d'Eltouf, leur frère, protonotaire apostolique (2). Edme Jullien fit, le 16 juillet 1545, comme acquéreur de Louis du Bois, une reprise de fief pour une portion des terres et seigneuries de Posanges, Villeserry et Arnay-sous-Vitteaux. Il avait épousé Marguerite GRIVEAU, sœur de Bernard Griveau, avocat-général en la chambre des comptes de Dijon en 1538. Il mourut à Paris en 1549, et fut inhumé en l'église de Saint-Cosme de cette ville, où son épitaphe se lisait encore en 1789 (3). Edme Jullien ne laissa qu'un fils, qui suit.

GRIVEAU : d'azur, au chevron d'or, surmonté d'une molette d'éperon d'argent, et accompagné de 3 taux d'or.

(1) Saint-Thibault, paroisse située près Vitteaux.

(2) Nobiliaire de Champagne, dressé sur la recherche de 1668, t. I°, article d'Eltouf, preuves, colonne 1°.

(2) Cette épitaphe était ainsi conçue :

Amati Jullien, senatoris Divionensis
Prudentissimi tumulus.
Omnibus omnis habet tellus commune sepulcrum,
Et passim cunctis terra sedere dedit.

4

XI. Edme Jullien, III° du nom, écuyer, seigneur de Verrey en partie, de Verchisy, de Clamerey et de Montanerot, homme d'armes de la compagnie de M. de Berbirier (1), était sous la curatelle de Bernard et Émilian Jullien, ses oncles, lorsque Joachim du Bois fit, le 24 janvier 1549, une reprise de fief pour la portion de la terre et seigneurie de Posanges, que Louis du Bois, son frère, avait vendue, en 1545, à Edme Jullien, II° du nom, reprise de fief qui fut suivie d'une quittance passée devant Bénigne Maire, notaire à Dijon, en la même année 1549. Le 6 juillet 1550, par autre acte passé devant Claude Poillechat, notaire à Dijon, Émilian Jullien, dans sa même qualité de curateur de son neveu, donna quittance au payeur des gages des conseillers au parlement de Dijon,

---

Nec tantum declarat id, aut inscriptio dives,
    Aut in natali busta superba solo;
Æmula sed virtus operosis splendida factis,
    Stare loco impatiens, itque, reditque viam;
Et, cum sit simplex, murmurque, humilesque susurros
    Tollit, et a tacito vindicat ore decus;
Atque magis vivax alienis hospita terris
    Durat, quam patrio certa tenaxque loco.
En exempla, et quæ Burgundica Divio coram,
    Edidit exemplo nobilitata suo.
Julia prisca domus, priscis notissima sæclis,
    Aurea stella cui, cui leo stemma dedit:
Stemma cui virtus, et acuta peritia rerum,
    Vivaxque vox famæ, consul amate, tuæ.
Qui cum jura dares aliis peregrinus in oris,
    Et faceres longa non peritura die,
Occidis, heu fato (miserum) percussus iniquo,
    Flebilis, at nulli, quam mihi flebilior.
Nulla tamen dictisque tuis, factisque vetustas
    Extremum est terris impositura diem:
Perpetuo vives notus Parisinus in urbe,

Amato Juliano, Mecænati suo, Josephus Galerius mœrens sic solvebat, Anno 1549, Idib. novembris.
(Antiquités nationales, par Millin, imprimées en 1791, t. III, n° 35, p. 13.)

(1) Compte du 1er mars 1569 pour le ban et arrière-ban du bailliage de Dijon, aux archives de la chambre des comptes.

pour le montant de ceux qui étaient acquis à Edme Jullien, IIe du nom, comme conseiller au parlement à l'époque de son décès. Le 18 mars 1558, par acte passé devant le dernier de ces deux notaires, il transigea avec le même Émilian Jullien sur le procès qui s'était élevé entre eux au sujet de la reddition du compte de curatelle que celui-ci lui devait. Edme Jullien a été compris, en l'année 1554, dans l'arrière-ban du bailliage d'Auxois, comme seigneur de Verchisy; en 1562, dans celui du bailliage de la Montagne, comme co-seigneur de Verrey; et, en 1567, dans celui de la prévôté de Cessey, comme seigneur de Clamerey. Il avait épousé, par contrat passé devant le même Claude Poillechat, notaire, le 6 février 1555, Bénigne MOISSON, fille de Philippe Moisson (1), seigneur de Cessey en Auxois, conseiller au parlement de Dijon, et de Marguerite RAVIET. Edme Jullien fut reçu en la chambre de la noblesse des états de Bourgogne en 1557 (2), et il y siégeait encore en 1566. Il souscrivit, avec Bénigne Moisson, sa femme, un acte reçu par le même notaire, le 15 janvier 1563, et mourut, en l'année 1569, vers la fête de la Pentecôte, en la ville de Sémur, où il faisait son service en qualité d'homme d'armes avec d'autres gentilshommes, et où il était tombé malade, lorsque l'armée du roi traversait l'Auxois (3). Bénigne Moisson, sa veuve, souscrivit, en 1570, plusieurs actes devant le même Claude Poillechat, se remaria avec Gabriel D'ANLEZY, seigneur de Chazelles-Lescot, et fut comprise dans le rôle de l'arrière-ban de Bourgogne du mois d'août 1587 (4). Après la mort de Bénigne Moisson, Gabriel d'Anlezy épousa, en secondes noces, Marguerite DE CREVECŒUR, et en eut une fille, Jeanne d'Anlezy qui s'allia avec Gaspard DU PLESSIS, seigneur de Malicorne, fils d'Edme du Plessis, seigneur de Perrigny, Hautefeuille et Malicorne, et de Judith DE LA CHÂTEIGNERAYE (5). Du mariage d'Edme Jullien avec Bénigne Moisson était issue une fille unique, qui suit.

MOISSON : de sinople, à 3 bandes ondées d'argent; au chef cousu d'azur, chargé de 3 étoiles d'or.

RAVIET : d'argent, à la bande de gueules.

D'ANLEZY : d'hermine, à la bordure de gueules.

DE CREVECŒUR : écartelé, aux 1 et 4 de gueules, semé de trèfles d'or, à 2 bars adossés du même ; aux 2 et 3 de gueules, à 3 chevrons d'or.

DU PLESSIS : écartelé, aux 1 et 4 d'argent, à la croix engrêlée de gueules, chargée de 5 coquilles d'or, qui est du Plessis; aux 2 et 3 d'azur, à la croix engrêlée d'or, qui est de Popaincourt.

DE LA CHÂTEIGNERAYE: d'argent, au lion d'azur, semé de fleurs de lys d'or.

(1) Philippe Moisson était fils d'Élie Moisson, seigneur de Cessey, premier avocat-général au parlement de Dijon, et de Jeanne COLLOT.

(2) Catalogus des gentilshommes des États de Bourgogne, p. 4, colonne 1re.

(3) Acte de notoriété constatant cet événement, existant aux archives de la chambre des comptes de Dijon.

(4) Rôle existant par extrait à la Bibliothèque du Roi.

(5) Histoire des Grands-Officiers de la Couronne, t. VI, p. 753.

COLLOT : de gueules, au rosier d'or.

XII. Marthe JULLIEN, dame de Verchisy et de Montanerot, porta en dot la terre de Montanerot à Jacques D'ANLEZY (1), écuyer, qu'elle épousa par contrat passé devant Claude Poillechat, notaire à Dijon, le 8 juin 1574, et qui renfermait une donation, registrée depuis

----

(1) La maison D'ANLEZY, d'ancienne chevalerie du Nivernais, tenait rang parmi les plus considérables de cette province aux XIIIe, XIVe et XVe siècles. La terre d'Anlezy, dont elle a tiré son nom, située à 4 lieues 2 tiers E. de Nevers, passa de cette maison dans celle d'Avenières, puis de celle-ci, par alliance, en 1430, dans celle de Damas de Marcilly, enfin de cette dernière dans la maison de Damas de Cormaillon, en 1800, par suite d'un mariage contracté en 1704, et d'une disposition du dernier rejeton de la branche de Damas d'Anlezy, exprimée, le 28 juin 1784, au contrat de mariage de Marie-Gabrielle-Marguerite de Sarsfield avec Charles II, baron de Damas de Cormaillon, père de M. le baron de Damas, lieutenant-général des armées du roi, ministre secrétaire d'état au département des affaires étrangères, pair de France, etc., possesseur actuel de la terre d'Anlezy.

Huguenin, Ier du nom, seigneur d'*Anlezy*, chevalier, vivant en 1260, est rappelé comme défunt dans une transaction de l'année 1263, où figurent dame *Isabeau*, sa femme, et leurs enfants, qui furent :

1°. Huguenin IIe, seigneur d'*Anlezy*, chevalier, *dit* de la Perrière ;

2°. Geoffroi, dont on va parler;

3°. Jean d'*Anlezy*, damoiseau, seigneur de Jailly en 1327, mentionné, en 1331, avec sa femme, Alixent *de Norry* ou *Noury*, en Nivernais, veuve en premières noces de Guillaume, seigneur de Châtelus en Bourbonnais, chevalier ;

4°. Jeanne d'*Anlezy*, qui était mariée, en 1293, avec Guillaume *de Billy*, damoiseau.

Geoffroi d'*Anlezy*, rappelé comme défunt en 1354, avait eu pour fille Odette d'*Anlezy*, mariée, par contrat du jeudi après les Brandons 1354, avec Philippe *de Digoine*, fils de Jean de Digoine, damoiseau.

Jeanne d'*Anlezy*, a épousé Jean, seigneur d'*Arrablay*, (aujourd'hui Arablay, près de Gien), IIe du nom, sénéchal de Périgord et de Quercy, envoyé par le roi Charles le Bel auprès du pape Jean XXII à Avignon, en 1322, et décédé en 1329. (*Histoire des Grands-Officiers de la Couronne*, t. VI, p. 507.) Jeanne d'Anlezy l'a rendu père de Pierre d'Arrablay, qui fut d'abord employé en diverses négociations par le roi Philippe le Bel, tant en Guienne qu'en Languedoc, dans le cours des années 1311 et 1313, puis nommé chancelier de France en 1316, à l'avènement du roi Philippe le Long, enfin promu, à la fin de cette même année, au cardinalat et à l'évêché de Porto. (*Ibidem*, p. 506.)

Guillaume d'*Anlezy*, chevalier, (peut-être fils de Huguenin II), et dame *Agnès*, sa femme, déclarèrent, en 1310, avoir fait une donation au prieur de

au greffe du bailliage de Semur. Marthe Jullien a laissé de ce mariage :

....

Sibrac d'Anlezy, résidant à Vitteaux, au bailliage d'Auxois, l'un des cent hommes d'armes des ordonnances du roi qui étaient sous la charge de

---

Longueville, ordre de Cluny ; ce religieux était frère de Guillaume d'Anlezy. Celui-ci et Gérard d'Anlezy, chevalier, sont mentionnés dans l'hommage que Louis, comte de Nevers, rendit à Philippe le Long, roi de France, pour son comté en 1317. (Pour tous les actes que l'on vient de citer, voyez le *Trésor généalogique*, par D. Caffiaux, t. I, p. 780.)

Huguenin d'*Anlezy*, III° du nom, damoiseau, seigneur du Plessis, en Bourbonnais, rendit hommage pour cette terre en 1343. Il eut pour fils :

Jean d'*Anlezy*, écuyer, homme d'armes, époux d'Agnès *de Chavenon de Bigny*, nommée dans deux aveux et dénombrements fournis par son mari en 1350 et 1362, pour l'hôtel et domaine seigneurial de la Forest et l'hébergement du Plessis. Elle était tante de Bernard de Chavenon, successivement évêque de Saintes, en 1398, évêque d'Amiens en 1411 et évêque comte de Beauvais, pair de France, en 1413. (*Histoire des Grands Officiers de la Couronne*, t. II, p. 278.)

Perrinet d'*Anlezy*, écuyer, sire de Pouzy, seigneur de la Forest et de Luzeray, en partie, fils de Jean, qui précède, rendit hommage, en 1490 et 1411, avec Roberte *Chenet*, sa femme, pour son hôtel de la Forest, trois-parts de la maison forte de Luzeray et la Motte de Laugère. Perrinet paraît avoir eu pour fils :

1°. Jean d'Anlezy,
2°. Louis d'Anlezy, écuyers, co-seigneurs du Plessis et de Vesvre, en
3°. Gilbert d'Anlezy, Bourbonnais, en 1483 et 1505.

Jacques d'*Anlezy*, gruyer de Champagne et de Brie, en 1356, était aussi maître enquêteur des eaux et forêts du roi, et des ducs de Normandie et d'Orléans.

Guillaume d'*Anlezy*, archidiacre de Nevers, vivait le 9 août 1340.

Jacquette d'*Anlezy*, dame de Jailly, épousa, 1° Guillaume *du Châtel*, qui, le 3 mars 1381, fit un accord avec Robert de Montsaulnin, écuyer, seigneur de la Chaume ; 2°, en 1382, Jean *de Chassy*, écuyer, seigneur du Marais, puis de Jailly, par sa femme, laquelle vivait encore en 1395.

Philippe d'*Anlezy* était mariée, en 1393, avec Gérard *de Montmorin*, fils de Thomas, seigneur de Montmorin, de Rillac, de Massiac, etc., en Auvergne, et d'Algaïe *de Narbonne*. (*Dictionnaire de la Noblesse*, in-4°, t. X, p. 427.)

Antoine d'*Anlezy*, écuyer, seigneur de Montverin et de la Grange-du-Bois, suivant un dénombrement de l'année 1443, fut marié, par contrat du 1er février 1445, avec Philiberte *de Villaines*, fille de Jean, écuyer, seigneur de Villaines, de Vesvre, et de Chantemerle, en Bourbonnais. Philiberte était veuve le 21 avril 1486, et avait un fils, nommé.............................

Claude d'*Anlezy*, mentionné dans un arrêt du parlement de Paris, du 11 avril

---

DE CHAVENON :
d'argent, à la fasce de gueules, accompagnée de trois quintefeuilles du même, la dernière surmontant un écu d'azur.

CHENET :
d'azur, à un lion d'or ; au chef du même, chargé de trois étoiles d'azur.

DU CHATEL :
d'or, à la croix engrêlée de gueules.

DE MONTMORIN :
de gueules, semé de molettes d'éperon d'argent ; au lion du même, brochant.

DE NARBONNE :
de gueules plein.

DE VILLAINES :
écartelé, aux 1 et 4 d'azur, au lion léopardé d'or ; aux 2 et 3 de gueules, à 9 losanges d'or.

Roger de Saint-Lary de Termes, duc de Bellegarde, pair et grand-écuyer de France, chevalier des ordres du Roi, gouverneur et lieutenant-général au duché de Bourgogne, et dont la revue fut passée à Farges, près Coullonges, en Bresse, le 29 juillet 1613 (*Titre original* aux archives de la famille);

1486, obtenu par sa mère, contre Philiberte de Mailloc, veuve de Claude de Villaines, seigneur de Menetou-Couture, en Berry, frère de Philiberte de Villaines. (*Arm. Génér. de Fr.* reg. II, 2ᵉ partie, art. DE VILLAINES.) Ce même Claude d'Anlezy, qualifié écuyer, seigneur de Menetou, fournit, en 1505, l'aveu et dénombrement de ses fiefs seigneuriaux de Montverin, de Rouzières, et de la Grange-au-Bois.

Philippe *d'Anlezy*, épouse de Jean *du Bois*, et Antoine d'Anlezy, son frère, dont on vient de parler, firent hommage pour la maison forte de Saint-Aubin en 1453.

Jacquette *d'Anlezy*, épouse de Charles *de la Porte*, seigneur de Pesselière, fut mère de Claude *de la Porte*, seigneur de Pesselière, allié, par contrat du 30 juin 1564, avec Anne *de Rochechouart*, et de Madelaine *de la Porte*, mariée à Jean *Troussebois*, seigneur de Fais et de Mellère, capitaine (gouverneur) de Ceroy-la-Tour, en Nivernais, et frère de Françoise Troussebois, femme de François *des Jours de Mazille*, dont il a été parlé plus haut, p. 25.

Anne *d'Anlezy*, dame de Beauvoir, était, en 1550, dame d'honneur de la duchesse de Nivernais. (*Ibid.*, reg. V, première partie, art. BIGOT, p. 3.)

Michel *d'Anlezy*, seigneur du Bois-du-Hart en 1505, a épousé Isabeau *de Culant*, fille de Jean de Culant, seigneur de Châteauneuf, de Saint-Julien et de Beauvoir-sur-Arron, et d'Anne *de Gaucourt*.

Imbert *d'Anlezy*, seigneur d'Unflin, eut pour femme Louise *de l'Hôpital*, fille d'Aloph de l'Hôpital, seigneur de Choisy, chambellan du roi, gouverneur de Brie, et de Fontainebleau, etc., et de Louise *de Poisieux*, dame de Sainte-Mesme.

Georges *d'Anlezy*, seigneur de Bua et de Cantiers, au diocèse de Bayeux, épousa Madelaine *de Mancel*, de laquelle il eut, pour fille et héritière :

Anne *d'Anlezy*, mariée, par contrat du 14 avril 1568, avec Pierre *de Mornay*, seigneur de Bussy, de Saint-Cler et de la Chapelle, maréchal-de-camp, lieutenant-général au gouvernement de l'Isle-de-France, créé chevalier des ordres du Roi en 1595, et décédé en 1598, frère aîné du célèbre Philippe de Mornay, seigneur du Plessis, lieutenant-général des armées du roi, connu par son zèle pour la religion protestante, par son dévouement au roi Henri IV, et par ses Mémoires. (*Histoire des Grands-Officiers de la Couronne*, t. VI, p. 285.)

La maison d'Anlezy a contracté plusieurs alliances avec celle de Jaucourt. Vers l'année 1550, Louise-Edmée *d'Anlezy* épousa François *de Jaucourt de Villarnoul*, tué à la bataille de Saint-Denis, le 10 novembre 1567, servant sous le prince de Condé. Il ne laissa point d'enfants. (*Dict. de la Noblesse*, in-4°, t. VIII, pp. 208, 212, 214, 215.)

DU BOIS : de gueules, à deux bandes d'or.

DE LA PORTE : de gueules, au croissant d'hermine.

DE ROCHECHOUART : fascé nébulé d'argent et de gueules.

TROUSSEBOIS : d'or, au lion de sable.

DES JOURS : d'or, au lion d'azur; au chef échiqueté d'azur et d'or de trois tires.

DE CULANT : d'azur, semé d'étoiles d'or; au lion du même, brochant.

DE GAUCOURT : d'hermine, à 2 bars adossés de gueules.

DE L'HÔPITAL : de gueules, au coq d'argent, crêté, becqué et barbé d'or, ayant au cou un écusson d'azur, chargé d'une fleur de lys d'or.

DE POISIEUX : de gueules, à 2 chevrons d'argent, surmontés d'une divise du même.

DE MANCEL : de sable, à la fasce d'argent, accompagnée de six coquilles d'or.

DE MORNAY : burelé d'argent et de gueules; au lion morné de sable, couronné d'or, brochant sur le tout.

DE JAUCOURT : de sable, à 2 léopards d'or.

2°. Gabriel d'Anlezy, seigneur de Montanerot;

3°. Gabrielle d'Anlezy, alliée, le 18 juin 1606, à Jacques DE CHAUGY, II° du nom, écuyer, seigneur de Lantilly (1), fils de Jacques de Chaugy, I° du nom, écuyer, seigneur d'Anoi, et de Claude DE CRÉCY, dame de Lantilly.

Après la mort de Gabrielle d'Anlezy, Jacques II de Chaugy épousa en secondes noces, le 17 juin 1621, Angélique ÉDOUARD, fille de Daniel Édouard, seigneur de Jouancy, et de Péronne DE DALAN.

SEIGNEURS DE HALOPIN ET DES MASURES.

X. Guyot JULLIEN, écuyer, fils puiné du second lit d'Edme Jul-

Françoise d'Anlezy, dame d'Épieulles, baronne d'Huban, fille de François d'Anlezy, chevalier, baron d'Huban, seigneur d'Épieulles, etc., chevalier de l'ordre du Roi, gentilhomme ordinaire de la chambre, et de Bénigne de Rabutin, baronne d'Huban, épousa, par contrat du 23 janvier 1601, Pierre de Jaucourt, chevalier de l'ordre du Roi, gentilhomme ordinaire de la chambre, devenu, par sa femme, baron d'Huban et d'Épieulles, fils de Louis de Jaucourt, seigneur de Villarnou, chevalier de l'ordre du Roi, et d'Élisabeth de la Trémoille. Les enfants issus de ce mariage, et leurs descendants, ont écartelé leurs armoiries de celles d'Anlezy. (Ibid.)

Marguerite-Françoise d'Anlezy, décédée à Paris en 1726, fille et héritière de Jacques d'Anlezy, seigneur de Chazelles, épousa, vers l'année 1675, Élie de Jaucourt, chevalier, seigneur de Chazelles et de Montanerot, du chef de sa femme, lieutenant-colonel du régiment de Guitaut, infanterie. Jacques d'Anlezy descendait de Louis d'Anlezy, seigneur de Chazelles, qui fut marié avec Renée d'Estampes, fille de Claude d'Estampes, seigneur de la Ferté-Imbault, de Salbris, etc., capitaine des gardes du corps de François de France, duc d'Alençon, et capitaine de cinquante hommes d'armes des ordonnances du roi, et de Jeanne de Hautemer de Fervaques. Renée d'Estampes était sœur de Jacques d'Estampes, maréchal de France en 1651, et chevalier des ordres du Roi en 1652.

Parmi les autres alliances de la maison d'Anlezy, nous citerons d'après le P. Anselme, en son Histoire des Grands-Officiers de la Couronne, t. VII, pp. 6 et 158, 1° le mariage de Jean d'Anlezy, seigneur de Montflun, avec Éléonore de Coligny, née le 20 mars 1560, fille de Marc-Lourdin de Coligny, seigneur de Saligny, baron de la Motte-Saint-Jean, du Roussel, etc., chevalier de l'ordre du Roi, et l'un des cent gentilshommes de sa maison; 2° et celui de Robert d'Anlezy, seigneur de Meheton, avec Charlotte de Chastellux, fille de Philippe de Chastellux, vicomte d'Avallon, élevé enfant d'honneur du roi Charles VIII, laquelle Charlotte était veuve, en premières noces, d'Antoine de Boutillac, seigneur d'Aspremont, qu'elle avait épousé par contrat du 7 novembre 1513.

(1) Armorial général de France, par M. d'Hozier, in-fol, t. I°, p. 133.

DE CHAUGY : écartelé d'or et de gueules.

DE CRÉCY : d'or, au lion de gueules, couronné d'azur.

ÉDOUARD : d'or, à jumelles d'azur, sommées chacune d'un lion léopardé de gueules.

DE DALAN : d'azur, au balancier d'or, accompagné en chef de 3 étoiles du même, et en pointe d'un croissant d'argent.

DE RABUTIN : comme à la page 18.

DE LA TRÉMOILLE : d'or, au chevron de gueules, accompagné de 3 aiglettes d'azur, becquées et membrées de gueules.

D'ESTAMPES : d'azur, à 2 girons d'or, appointés en chevron ; au chef d'argent, chargé de 3 couronnes de gueules.

DE HAUTEMER : d'or, à 3 fasces ondées d'azur.

DE COLIGNY : de gueules, à l'aigle d'argent, becquée, membrée et couronnée d'azur.

DE CHASTELLUX : d'azur, à la bande d'or, accostée de 7 billettes du même, 4 en chef, posées 2 et 2, et 3 en pointe dans le sens de l'orle.

DE BOUTILLAC : d'argent, à 3 barils de gueules.

lien, Ier du nom, seigneur de Verrey, de Verchisy, de Montanerot, de Clamerey, et de la Cosme, s'établit en Gâtinais, où il devint seigneur de Halopin, château situé paroisse d'Ouzouer-sur-
Loire, près de Gien. Il épousa, à Lorris, vers l'année 1535, Marie
Roussillard, tante d'Hervé Roussillard, l'un des aïeux maternels
de Jérôme Salomon, écuyer, sieur du Guaineuf, décédé doyen
des trésoriers de France au bureau des finances de la généralité
d'Orléans, à la succession duquel, quant aux propres de la ligne
Roussillard, se sont trouvés appelés, conformément à l'acte de
liquidation de cette succession, arrêté en présence de Gaillard,
notaire à Orléans, le 25 août 1772, Jean Chartier, sieur de Toucy,
Marie-Louise de Megret, veuve de Marc-Antoine de Birague-des-
Essarts, chevalier, Louise-Henriette de Megret, sa sœur, et autres,
tous issus d'Hervé Roussillard, et qui ont primé dans cette succession les descendants de Marie Roussillard, épouse de Guyot
Jullien, éloignés d'un degré de plus de Jérôme Salomon.

Guyot Jullien, du chef de cette même Marie Roussillard, devint
possesseur d'un sixième du fief seigneurial des Masures, qui s'éten-
dait dans les paroisses de Coudroy, Noyers et Vieillesmaisons, près
de Lorris, et auquel étaient joints ceux de la Mairie de Chanteloup,
en la ville de Lorris, de la Rosière et de la Chavoterie, fief consistant
en cens, rentes en argent, grains et volailles, et droits de cham-
part, dont le terrier a été renouvelé par Pierre-Claude Hervy,
notaire à Lorris, en 1725, et dans les années suivantes. Les cinq
autres sixièmes de ce fief ont été transmis par Hervé Roussillard
à autre Marie Roussillard, sa fille, épouse de Henri Chartier prévôt de Lorris (1). Guyot Jullien laissa trois fils :

1°. Jean Jullien, Ier du nom, écuyer, qui, en 1582, était secrétaire de Louise
de Lorraine, reine de France, épouse de Henri III (2), et qui fut père
de deux fils et de deux filles :

---

(1) Ces cinq sixièmes du fief des Masures appartiennent aujourd'hui aux représentants de Pierre Tassin, ancien capitaine au régiment de Nice, infanterie, et
chevalier de l'ordre royal et militaire de Saint-Louis, décédé à Lorris, qui les
avait recueillis de la succession de Pierre-Gaspard-François Cahouet-des-Isles,
lequel les avait acquis, le 24 mai 1773, des héritiers de Jérôme Salomon, du
Guaineuf, dans la personne duquel ces mêmes cinq sixièmes étaient propres de
la ligne d'Hervé *Roussillard.*

(2) *État des maisons des reines et princes,* à la Bibliothèque du Roi, p. 409.

(left margin heraldic descriptions)

Roussillard et Salomon : d'azur, à deux lions affrontés d'or.

Chartier : d'azur, à deux perdrix d'argent, perchées sur un tronc
d'arbre au naturel,
au-dessus duquel est
un rameau d'olivier
de sinople.

De Megret :
d'azur, à 5 besants
d'argent ; au chef
d'or, chargé d'une
tête de lion arrachée
de gueules.

De Birague :
d'or, à trois fasces
contre-bretessées de
gueules, de 5 pièces
chargées chacune
d'un trèfle d'or.

A. Jean Jullien, II° du nom, écuyer, lequel, en 1623, était secrétaire de la reine-mère, Marie de Médicis (1);

B. Gilles Jullien, écuyer, qui s'établit à Orléans, où sa descendance s'est éteinte, en 1780, dans la personne de Gilles Jullien, dernier de ce nom, mort célibataire et doyen des conseillers du roi, notaires au châtelet de cette ville;

C. Madelaine Jullien, femme de Macé Jullien, II° du nom, son cousin germain, dont il sera parlé plus loin dans la branche des seigneurs de Villiers;

D. Michelle Jullien, femme de Denis Couvart. Elle vivait le 29 janvier 1615, époque à laquelle elle assista au contrat de mariage de Jacques Roucellet avec Françoise Mariette, passé devant Coutault, notaire à Orléans;

2°. Martin, dont l'article suit;

3°. Macé Jullien, auteur de la branche des *seigneurs de* VILLIERS, rapportée ci-après.

XI. Martin JULLIEN, écuyer, seigneur de Hâlopin et en partie des Masures, né vers 1540, et décédé au château de Hâlopin le 9 novembre 1625, a épousé 1° Étiennette Touquoy, issue d'une famille distinguée de la ville de Paris (2), et qui ne vivait plus en 1588; 2°, par contrat reçu par Châteignier, notaire à Ouzouer-sur-Loire, le 21 février 1605, Jeanne SIMONIN, alors veuve de Jérôme GUINET (3), et fille d'Étienne Simonin (4), frère de Guillaume Simonin, arche-

---

(1) *État des maisons des reines et princes*, à la Bibliothèque du Roi, p. 439.

(2) Jean Touquoy, membre de cette famille, était maître des requêtes ordinaire de la reine Marie de Médicis, (Manuscrit intitulé : *État des maisons des reines et princes*, p. 436), et échevin de la ville de Paris. Il a signé, en cette dernière qualité, un acte passé devant Parque, notaire à Paris, le 6 juin 1635.

(3) Jérôme Guinet était frère de Nicolas Guinet, mort doyen du grand conseil, et marié à Marie le Clerc de Courcelles, qui a eu pour fille Geneviève Guinet, laquelle a épousé en premières noces, Jean du Gué, maître des comptes à Paris, et, en secondes, Étienne d'Aligre, garde-des-sceaux et chancelier de France, décédé le 25 octobre 1677. (*Histoire des Grands Officiers de la Couronne*, tome VI, page 552.)

(4) Étienne Simonin, père de Jeanne Simonin, qui descendait de Gui Simonin, membre du grand conseil de Philippe le Hardi, duc de Bourgogne, (*Histoire du comté de Bourgogne*, par M. Dunod de Charnage, tome II, page 363), avait pour oncle paternel Pierre Simonin, docteur de Sorbonne et prieur du couvent des Dominicains de la ville de Poligny, et pour oncle maternel Philibert Aymonin, chanoine et chantre de l'église collégiale de la même ville. (*Mémoires historiques sur la ville et seigneurie de Poligny*, tome II, page 486.)

Jean Simonin, l'un des fils de Gui, était chapelain de Catherine de Bourgogne,

JULLIEN : comme à la page 3.

TOUQUOY : d'argent, au chevron surmonté d'un croissant, le tout de gueules, et accompagné en chef de 2 œillets du même, tigés et feuillés de sinople, et en pointe d'un arbre terrassé du dernier émail.

SIMONIN : d'azur, au lion léopardé d'or, lampassé et armé de gueules, tenant de la pate dextre un bâton noueux du second émail.

GUINET : de gueules, à 5 macles d'or.

LE CLERC DE COURCELLES : de gueules, au lion d'or, issant d'un croissant du même.

DU GUÉ : d'azur, au chevron d'or, accompagné de 3 étoiles du même; celle en pointe surmontée d'une couronne ducale d'or.

D'ALIGRE : burelé d'or et d'azur; au chef du second émail, chargé de 3 soleils du premier.

AYMONIN : d'azur, au besant d'or.

5

vêque de Corinthe, abbé de Saint-Vincent de Besançon, et prieur de Frontenay. Cette seconde femme, qui vécut jusqu'en l'année 1642, ne lui donna pas d'enfants. Ceux du premier lit furent :

un autre Jacques Ier, dont l'article suit;

2°. Magdelein Jullien, chanoine de l'église d'Auxerre, en 1597, et chantre de la même église en 1612 (1).

XII. Jacques JULLIEN, Ier du nom, écuyer, seigneur de Halopin et en partie des Masures, a suivi la carrière militaire. Il faisait partie de la compagnie de 300 hommes de guerre à pied, commandée par François de l'Isle, seigneur de Treignel, dont la revue a eu lieu à Amiens le 13 avril 1603 (2). Jacques Jullien a épousé Jeanne MARITEL, dont il a eu trois enfants :

1°. Jacques II°, qui suit;

2°. Jean Jullien, écuyer, sieur de l'Épinerie, qui a fixé son domicile à Nemours, et qui, entré jeune au service militaire, fit d'abord partie d'une des compagnies du régiment des gardes du Roi, commandée par Colin, seigneur de Saint-Bonnet et de Toiras, et dont la revue a été passée à Paris, le 29 juin 1627. Plus tard, il entra dans la compagnie de 200 hommes d'armes de la garde de S. M., commandée par César-Phébus d'Albret, maréchal de France, laquelle fit montre à Fontainebleau le 4 juillet 1656 (3).

3°. Marie Jullien, mariée, en 1619, avec Claude MARTINEAU, écuyer, garde-du-corps du Roi, fils de Bertrand Martineau (4), écuyer, et de Madelaine DANTISSANT.

MARITEL :

MARTINEAU : d'azur, à 3 tours d'argent.

DANTISSANT : d'argent, à la fasce denchée d'azur, accompagnée de 5 dents effilées de gueules.

CHARTIER : d'azur, à 2 perdrix d'argent, perchées sur un tronc d'arbre au naturel, au-dessus duquel est un rameau d'olivier de sinople.

LALLEMANT : d'argent, au chevron d'azur, chargé de 3 étoiles d'or, au chef de gueules, aussi chargé de 3 étoiles d'or.

ALÉAUME : d'azur, à 3 coqs d'or, crêtés, armés et membrés de gueules.

duchesse d'Autriche, et tante de Philippe le Bon, duc de Bourgogne. Cette princesse lui a fait un legs par son testament, daté du 2 janvier 1425, et rapporté textuellement dans l'Histoire de Bourgogne, par D. Plancher, tome III, Preuves, page 232.

(1) Mémoires concernant l'histoire ecclésiastique et civile d'Auxerre, tome I, page 799.

(2) Titre original aux archives de la famille.

(3) Les revue et montre de 1627 et 1656 existent en originaux dans les archives de la famille.

(4) Bertrand Martineau était fils de Nicolas Martineau, conseiller au parlement de Paris en 1544, et de Marie Chartier; Marie Chartier était fille de Michel Chartier marié à Marie Trouillard, et fils de Julien Chartier, issu, comme Jean Chartier, nommé plus haut page 32, de l'ancienne et illustre famille Chartier, lequel Julien Chartier a épousé Jeanne Lallemant, et était frère de Perrine Chartier, femme de Ferri Aléaume, sieur de Sainville.

XIII. Jacques JULLIEN, II° du nom, écuyer, seigneur de Halopin et en partie des Masures, né au château de Halopin le 8 janvier 1610, épousa, par contrat du 8 novembre 1636, Jeanne LOUZIER, qui le rendit père de deux fils :

    1°. Jacques, III° du nom, qui suit :

    2°. Eustache Jullien, écuyer, qui entra dans la compagnie des chevau-
        légers du régiment de Bouillon, et se trouva avec cette compagnie au
        camp d'Hocquenem, où elle fut passée en revue, le 31 mai 1675, par
        Gilles de la Roche, son capitaine (1).

XIV. Jacques JULLIEN, III° du nom, écuyer, seigneur de Halopin (2) et en partie des Masures, né au château de Halopin le 3
janvier 1644, vendit à Gabriel le Sergent, écuyer, sieur de Faronville, et à Cyprienne Blondeau, sa première femme, le sixième
qui lui appartenait dans le fief seigneurial des Masures, et
épousa 1°, par contrat du 5 février 1674, Marie-Anne-Antoinette
GARNIER, morte sans enfants, et fille de Joseph Garnier, bailli de
Noyers en Auxois (3), et de Marguerite PORCHER, femme en secondes noces de Marin POISSON, bailli de Bellegarde en Gâtinais; 2°,
par contrat du 10 février 1678, passé devant Pierre Collier, notaire
à Lorris, Marie HERVY, décédée le 18 octobre 1699. Ce dernier contrat fut signé en présence de Jean-Antoine de Pardaillan, marquis
de Montespan, seigneur de Gondrin, duc de Bellegarde, et de Susanne du Deffand, veuve de Jean de la Haye, chevalier, seigneur de
Gamas, Marie Hervy était veuve, en premières noces, de Pierre

LOUZIER :

GARNIER :
d'azur, à un cœur d'or, sur lequel bro-che une fasce vivrée en divise de sinople.

POISSON :
d'azur, au chevron d'or, accompagné en pointe d'un poisson d'argent, nageant sur une rivière du même; au chef cousu de gueules, chargé de 3 molettes d'éperon d'or.

HERVY :
écartelé, aux 1 et 4 de *Jérusalem*; aux 2 et 3 de sinople, à l'é-cusson d'or, chargé d'un écu de gueules, et ce dernier d'une feuille de chêne d'ar-gent, qui est de *le Maire.*

---

(1) *Rôle original*, aux archives de la famille.

(2) Le fief seigneurial de Halopin est passé, vers la fin du XVII° siècle, dans la famille de Tolède, et avait pour possesseur, en 1738, Charles-Gabriel de To-lède, chevalier, seigneur de l'Orme, père de Marie-Catherine de Tolède, mariée, le 25 août de la même année 1738, avec Antoine Lamirault, II° du nom, sei-gneur de Cottainville.

(3) C'est dans le ressort du bailliage de Noyers qu'est situé le fief de Vaux-Busin, dont Gérard et Monin Jullien, nommés aux IV° et V° degrés, ont été sei-gneurs en partie.

Joseph Garnier était de la même famille que Henri-François Garnier, reçu conseiller au parlement de Bourgogne le 3 décembre 1641.

Collier, et fille d'Étienne Hervy (1) et de Marie Roux. Jacques Jullien mourut le 9 septembre 1718, ayant eu six enfants de son second mariage, savoir :

1°. Jacques Jullien, dont la postérité s'est établie à Château-Landon;
2°. Nicolas, dont l'article suivra;
3°. Philippe-Étienne Jullien, conseiller du roi, notaire au châtelet d'Orléans, décédé sans enfants du mariage qu'il avait contracté, le 8 janvier 1719, avec Marie Foulon, fille de Christophe Foulon, et de Marie de Vieux;
4°. Pierre Jullien, curé de la paroisse de Nancray, au diocèse de Sens (2);
5°. Marie Jullien, épouse de Jean-François Clément;
6°. Catherine Jullien, morte sans alliance, en 1782, âgée de 91 ans.

XV. Nicolas Jullien, né à Bellegarde en 1685, fut lieutenant du bailli de Saint-Maurice-sur-Fessard, près de Montargis, et échevin de la ville de Lorris. Ce fut en sa présence et en celle d'Eustache, marquis du Deffand, chevalier, seigneur de Saint-Phalle et autres lieux, que, par acte passé devant Pierre-Claude Hervy, notaire à Lorris, le 25 novembre 1740 (3), Aimé-Gabriel le Sergent, II° du nom, chevalier, seigneur de la Plissonnière, et Anne-François le Sergent, son frère, chevalier, seigneur de Courgenoux, partagèrent les biens dépendants de la succession d'Aimé-Gabriel le Sergent, leur père, I° du nom, chevalier, seigneur de la Plissonnière, et fils de Gabriel le Sergent, sieur de Faronville, dont

---

CHARTIER :
comme à la page 34.
DE BEAUBOIS :
d'azur, au chevron d'or, surmonté à dextre d'un croissant et à senestre d'une étoile du second émail, et au dessous duquel en pointe est une merlette d'argent.
LALLEMANT :
comme à la page 34.

(1) Étienne Hervy descendait de Claude Hervy, échevin de la ville de Paris en 1567, qui tirait son origine maternelle de la famille Chartier.

Marie Hervy, sa fille, femme de Jacques Jullien, avait pour frère Pierre Hervy, marié à Marie *Chartier*, laquelle était fille de René Chartier, seigneur du Pontet, bailli de Chailly, (trisaïeul de Jean Chartier de Toucy, dont il a été parlé p. 32), et de Jeanne *de Beaubois*. René Chartier était fils de Henri Chartier, prévôt de la ville de Lorris, et de Marie *Roussillard*, fille d'Hervé Roussillard, (mentionné même p. 32), lequel Henri Chartier était fils d'Euverte Chartier, II° du nom, lieutenant particulier au bailliage de Lorris, qui a épousé Marguerite *Lallemant*, et qui était fils d'Euverte Chartier, I° du nom, marié à Marguerite *Mignot*. Euverte I° avait pour père Étienne Chartier, lequel était fils de Julien Chartier, dénommé en l'une des annotations précédentes, page 34.

(2) Pierre Jullien a composé une *Histoire ecclésiastique* en 4 vol. in-4°, qui est restée inédite.

(3) *Titre original*, entre les mains de M. de Courcelles.

il a été parlé plus haut page 35, ainsi que ceux compris en la démission faite en leur faveur, suivant le même acte, par Marie-Anne de Calvy, leur mère, alors veuve du même Aimé-Gabriel le Sergent, Ier du nom (1).

Nicolas Jullien épousa, par contrat passé devant Hervy, notaire à Lorris, le 17 janvier 1719, Marie LÉVESQUE (2), fille de Denis Lévesque et de Marie LE FÈVRE. Elle mourut le 10 octobre 1733; Nicolas Jullien lui survécut jusqu'au 16 juillet 1753. De ce mariage sont provenus quatre fils et une fille, qui partagèrent les successions de leurs père et mère par acte passé devant Binecher, notaire à Orléans, le 5 septembre de la même année 1753, savoir:

LÉVESQUE: coupé, au 1 d'azur, à la grue d'argent, tenant sa vigilance d'or; au 2 d'argent, à 3 cœurs enflammés de gueules.

LE FÈVRE: de gueules, au chevron d'or, accompagné de trois maillets d'argent.

(1) Aimé-Gabriel le Sergent de la Plissonnière, IIe du nom, a épousé Marie-Françoise Tailbout, laquelle, étant veuve de lui, a eu, en vertu de la donation que celui-ci lui avait faite par son contrat de mariage, passé devant Crestiennot, notaire à Paris, le 15 novembre 1744, l'usufruit du sixième du fief seigneurial des Masures, dont Guyot Jullien avait été possesseur du chef de sa femme. Marie-Françoise Tailbout s'est remariée avec François Crozat, écuyer, garde-du-corps du roi et chevalier de l'ordre royal et militaire de Saint-Louis, et a ensuite, conjointement avec son second mari, cédé son droit d'usufruit à Edme-Gaspard Fourier, seigneur du Portail, gouverneur pour le roi de la ville de Lorris, par acte passé devant Langlois, notaire en cette ville, le 18 avril 1774. L'usufruit de ce sixième s'est éteint le 7 juillet 1791, et M. de Courcelles en possède la pleine propriété, comme cessionnaire des droits des héritiers d'Aimé-Gabriel le Sergent de la Plissonnière, IIe du nom, en la succession de ce dernier, aux termes d'un acte du 6 mars 1803, propriété au surplus qui se borne à celles des rentes attachées à ce fief sans domaine, que les lois n'ont point supprimées.

Il en est de même du fief entier de la Fontenelle-Clereau et des deux tiers au total indivis avec les représentants de Nicolas Guyon, sieur de Courcevaux et de Courtigy, du fief du Frétoy, en la paroisse de Vimory, près Montargis, que M. de Courcelles possède au même titre, pour les rentes y attachées, qui subsistent encore, fiefs que le même Aimé-Gabriel le Sergent avait acquis de Marie-Louise Geoffrion, veuve de François Carré, par acte passé devant Liard, notaire à Saint-Hilaire-lès-Andrésy, près Montargis, le 2 mai 1748. (Titres originaux.)

(2) Marie Lévesque était sœur de Marie-Anne Lévesque, mariée avec François le Comte, IIe du nom, petit-fils de Madelaine Brière, femme de François le Comte, Ier du nom, et fille d'Antoine Brière, marié avec Marguerite Bourban, lequel était fils de Sébastien Brière, homme d'armes de la compagnie de la Reine en 1620, et d'Anne Martineau, fille de Bertrand Martineau et de Madelaine Dantissant, et sœur de Claude Martineau, marié avec Marie Jullien, nommée au XIIe degré.

LE COMTE: d'azur, à la fasce d'or, accompagnée de six croisettes potencées d'argent, les 3 en pointe posées 2 et 1.

BRIÈRE: d'argent, à 3 bruyères de sable.

MARTINEAU: d'azur, à 3 tours d'argent.

DANTISSANT: d'argent, à la fasce denchée d'azur, accompagnée de trois dents effilées de gueules.

1°. Pierre-Nicolas, dont l'article suit;

2°. François-Remi Jullien, procureur du roi au bailliage de Lorris, époux d'Anne-Thérèse PROVENCHAU, et père de

    A. Pierre-Nicolas-Remi Jullien, curé de la paroisse de Coudroy, puis de celle d'Auvilliers, au diocèse de Sens;

    B. Louis-Marie-Joseph Jullien de l'Isle, marié avec N.... AUSSENARD, dont il a eu un fils:

        Alexis-Jules Jullien de l'Isle, mort sans avoir été marié;

    C. Marie-Madelaine-Françoise Jullien, mariée avec Louis-Timothée RAIGE, juge au tribunal de Nevers;

3°. Denis-Michel-Marçou Jullien des Bordes, conseiller du roi, notaire au châtelet d'Orléans, allié à Marie-Madelaine-Élisabeth MEUSNIER DE FONTENY, dont il a eu deux fils et une fille:

    A. Nicolas-Marie-Denis Jullien des Bordes, décédé consul de France à Rostock, le 14 mai 1811. Il avait épousé Marie-Susanne PELLAGOT, qui s'est remariée, en secondes noces, avec Jacques DE CERTAIN DE LA MÉCHAUSSÉE, né le 1er février 1777, issu d'une famille noble, originaire du Quercy, et de laquelle il eut un fils et deux filles:

        a. Denis-Zacharie Jullien des Bordes, né le 19 octobre 1799;

        b. Sophie-Cély Jullien des Bordes, née le 25 décembre 1797, mariée avec Pierre-Gabriel-Salomon DU FRESNE;

        c. Adélaïde-Susanne Jullien des Bordes, née le 25 mai 1801, mariée avec Alexandre-Jérôme-Élie DES BOIS;

    B. Louis-Michel Jullien des Bordes, entré au service en qualité de sous-lieutenant au régiment de Forez, infanterie, et promu successivement jusqu'au grade d'adjudant de place de la ville de Marseille, époux de Marie-Anne-Claudine FLAMICHON, et père de:

        Claudine Jullien, décédée le 15 septembre 1824, sœur de charité de la congrégation de Sainte-Marthe;

    C. Marie-Élisabeth-Madelaine Jullien, femme de Noël-Antoine BAUDOUIN;

4°. Jean-François Jullien, que son attachement à la cause royale a rendu victime du tribunal révolutionnaire, le 7 avril 1794. Il avait eu de Marie TAVENET, son épouse:

    A. Pierre-Nicolas-François Jullien, mort célibataire;

    B. Jean-Charles Jullien, né le 9 novembre 1766, ancien procureur du roi au tribunal de Montargis, marié, le 9 avril 1799, avec Marie-Victoire-Lazarine PATIN DE LA TOUR, fille de Lazare-Étienne Patin de la Tour, et de Marie-Victoire-Perrette-Françoise PILLÉ. De ce mariage sont issus:

        a. Charles-Étienne Jullien, né le 1er mars 1800, marié, le 25 novembre 1825, avec Natalie-Élisabeth POIDEVIN, fille de Jean

---

MEUSNIER DE FONTENY:
d'azur, au chevron d'or, accompagné de 3 poissons nommés meuniers d'argent.

DE CERTAIN:
d'azur, à une main d'or.

Poidevin, et de Marie Habert, sœur de Charles-Marie Habert, ancien vicaire-général du diocèse de Blois, aujourd'hui chanoine honoraire et archidiacre de l'église de Blois, et curé de la paroisse de la Trinité de Vendôme. De ce mariage est issue :

Marie-Lazarine-Charlotte-Natalie-Raphaëlle Jullien, née le 21 septembre 1826;

b. Edme-Jean-Louis Jullien de Lormoy, né le 7 mai 1801 ;

5°. Marie-Barbe Jullien, morte sans alliance, le 23 septembre 1799.

XVI. Pierre-Nicolas JULLIEN, né à Lorris, le 13 août 1728, conseiller du roi, notaire au châtelet d'Orléans (1), décédé le 7 avril 1795, a recueilli de la succession de Philippe-Étienne Jullien, son oncle, le domaine des Bordes, près d'Orléans, et les droits de refus et de volière qui y étaient attachés, que Philippe-Étienne Jullien avait acquis des enfants d'Antoine Masson, sieur des Montées et des Bordes, par contrat passé devant Sarradin, notaire à Orléans, le 1er juillet 1758.

Pierre-Nicolas Jullien a épousé, par contrat passé devant Godeau, notaire à Orléans, le 18 avril 1757, Marie-Madelaine Gorrant, décédée le 27 juillet 1780, fille de Jean-Baptiste Gorrant, échevin de la ville d'Orléans, et de Catherine DE LOYNES (2). Le

GORRANT : d'argent, à 3 pins mal ordonnés de sinople, le premier soutenu par une foi de carnation mouvante de 2 nues aux flancs de l'écu.

DE LOYNES : coupé, au 1 de gueules, à la fasce gironnée d'or et d'azur de 6 pièces, accompagnée de 2 vivres d'argent; au 2 d'azur, à 7 besants d'or, posés 4 et 3.

---

(1) De la Roque, en son Traité de la Noblesse, pages 512 et suivantes, démontre que l'exercice des fonctions de notaire n'est point incompatible avec la noblesse, et n'y déroge point. Il cite particulièrement un édit de Louis XIV, daté du mois d'août 1673, vérifié au parlement de Paris le 7 septembre, et à la cour des aides le 7 décembre de la même année, qui le décide en termes formels pour les notaires au châtelet de Paris, dont les chartes et priviléges ont toujours été communs aux notaires du châtelet d'Orléans.

L'auteur de l'État de la magistrature en France, imprimé en 1788, p. 366, et celui du Dictionnaire encyclopédique de la Noblesse, imprimé en 1816, pages 324 et suivantes, énoncent la même opinion.

(2) La généalogie de la famille de Loynes, dont la noblesse remonte au XIVe siècle, est insérée dans le tome VIe de l'Histoire généalogique des Pairs de France, des grands dignitaires de la couronne et des principales familles nobles du royaume, par M. de Courcelles. (Voyez non-seulement cette généalogie, mais encore la notice imprimée ici, à la suite de la généalogie de la famille Jullien, sur les ancêtres maternels de Marie-Madelaine Gorrant.)

Le contrat de mariage de Jean-Baptiste Gorrant avec Catherine de Loynes, a été reçu par Rou, notaire à Orléans, le 4 septembre 1707.

Jean-Baptiste Gorrant était fils d'Édouard Gorrant et de Françoise Jogues, mariés par contrat passé devant Aignan, notaire à Orléans, le 15 avril 1676; lequel

JOGUES : d'or, au chevron de sable, chargé de 5 étoiles d'or et accompagné en chef de 2 têtes de cerf arrachées et affrontées au naturel, et en pointe d'un rocher d'argent au flanc sénestre, d'où jaillit une fontaine au naturel, et au flanc dextre d'une cannette nageante d'argent.

partage des successions de Pierre-Nicolas Jullien et de Marie-Madelaine Gorrant a été fait devant Bottet, notaire à Orléans, le 26
avril 1795. De leur mariage sont issus :

    1°. Jean-Baptiste-Pierre, dont l'article suit ;

    2°. Nicolas-Étienne Jullien, docteur en droit, conseiller du roi en l'élection
      d'Orléans, décédé le 10 juillet 1785, sans avoir été marié ;

    3° Denis-Michel Jullien du Ruet, décédé sans postérité, le 7 octobre
      1809 (1) ;

    4°. Marie-Madelaine Jullien, morte sans alliance, le 4 novembre 1818 ;

    5°. Catherine-Victoire Jullien, épouse de Jean-Baptiste LANDRON, mort
      sans enfants.

    XVII. Jean-Baptiste-Pierre JULLIEN, chevalier DE COURCEL-
LES, né à Orléans le 14 septembre 1759, ancien magistrat en
cette ville, ancien président de l'administration des hospices de la
même ville, l'un des administrateurs en chef de l'Asile Royal de la
Providence, à Paris, membre correspondant de la Société des
sciences, arts et belles-lettres d'Orléans, et généalogiste honoraire du

---

ROUCELLET :
d'argent, à 3 haches
d'armes de sable, po-
sées 2 et 1.

GORRET :
d'or, à 3 hures de
sanglier arrachées de
sable.

DE GAUVILLE :
de gueules, au chef
d'hermine.

PATRY-CALOUIN :
de gueules, à 3 quin-
tefeuilles d'argent.

ERRAULT :
d'azur, à 2 chevrons
d'or,

Édouard Gorrant avait pour frère Jacques Gorrant, II° du nom, maire d'Orléans
en 1711, et était issu de Jacques Gorrant, I° du nom, et d'Espérance de la Gueule,
mariés par contrat passé devant Jacquet, notaire à Orléans, le 3 février 1667.
Jacques Gorrant, I° du nom, était fils d'Antoine Gorrant et d'Espérance Roucellet, et petit-fils de Pierre Gorrant, II° du nom, et de Christine Gorret, lequel
Pierre Gorrant descendait de Pierre Gorrant, I° du nom, écuyer, et de Jeanne
de Gauville, fille de Jean de Gauville, écuyer, seigneur de Chenonville, Javersy
et Breconville, et de Catherine Patry-Calouin, (fille de Mathurin Patry-Calouin,
I° du nom, seigneur de la Calouinière et de Villeneuve, écuyer de Marguerite
d'Anjou, femme de Henri VI, roi d'Angleterre, et de Jeanne Errault de la Panne,
arrière-grand'tante de François Errault, seigneur de Chemans, nommé garde-
des-sceaux de France en 1543) ; duquel Jean de Gauville les biens ont été parta-
gés entre ses enfants, par acte passé devant Badoux sous le sceau de la châtellenie
de Chartres, le 17 septembre 1486. (Dictionnaire de la noblesse, par La Chesnaye des Bois, t. VII, p. 147 ; et t. XI, p. 218.)

Françoise Jogues, mère de Jean-Baptiste Gorrant, était issue d'une ancienne
famille d'Orléans à laquelle a appartenu Isaac Jogues, jésuite célèbre, mort mar-
tyr en mission, au pays des Iroquois, en 1647.

(1) Denis-Michel Jullien du Ruet est auteur du Tableau chronologique et moral
de l'Histoire universelle du Commerce des anciens, ou Aperçus politiques de l'Histoire ancienne rapportés au commerce, ouvrage imprimé à Paris, en 1809, en 2 vol.
in-4°.

du Roi, a été nommé, par bref du pape Pie VII, du 20 juin 1820,
chevalier de l'ordre pontifical de l'Éperon d'or. Il a été créé
en outre, dans le cours des années 1816, 1819 et 1820, grand-of-
ficier commandeur de l'ordre royal hospitalier et militaire du
Saint-Sépulcre de Jérusalem, officier de ceux de Saint-Hubert de
Lorraine, et du Phénix de Hohenlohe, chevalier honoraire de l'ordre chapitral de l'Ancienne Noblesse, ou des Quatre Empereurs,
et chevalier de l'ordre du Lion de Holstein-Limbourg. Il a possédé, entr'autres terres, celle de Courcelles-le-Roi, en Gâtinais (1);
et, par le contrat de la vente qu'il en a faite, devant Fourcault
de Pavant, notaire à Paris, le 23 août 1813, à Jean-Euverte Miron
de la Motte, écuyer, et à Angélique Crignon, son épouse, il s'est
réservé le droit de continuer à porter le nom de cette terre.

M. de Courcelles est auteur de divers ouvrages, imprimés à Paris en 1821 et dans les années suivantes, entr'autres : — I. de l'*Armorial général*, (gravé), *de la chambre des Pairs*, in-4°; — II. des
huit premiers volumes (in-4°), de l'*Histoire généalogique des Pairs
de France*, *des grands dignitaires de la couronne*, *des principales
familles nobles du royaume, et des maisons princières de l'Europe*,
précédée de la *Généalogie de la maison de France*; — III. du *Dictionnaire universel de la Noblesse de France*, 5 vol. in-8°; — IV. et
du *Dictionnaire historique des Généraux Français*, depuis le
onzième siècle jusqu'en 1823, 9 vol. in-8°. — Il est aussi l'un des
continuateurs de l'*Art de vérifier les dates*, ouvrage publié avant
la révolution par les religieux bénédictins de la congrégation de
Saint-Maur.

M. de Courcelles a épousé en premières noces, à Châteauneuf-
sur-Loire, le 9 avril 1782, par suite d'un contrat passé devant
Trutat, notaire à Paris, le 31 décembre 1781, en présence de
Louis-Armand-Constantin de Rohan, prince de Montbazon, lieutenant-général des armées navales, de Gabrielle-Rosalie le Tonnellier de Breteuil, son épouse, de Jean-François Joly de Fleury,
ministre d'état et des finances, conseiller-d'état et au conseil royal,
et commandeur des ordres du Roi, etc., etc., Marie-Madelaine

---

(1) *Courcelles-le-Roi*, paroisse de 138 feux, ou environ 680 habitants, située
à deux lieues S. E. de Pithiviers.

LORMEAU (1), née le 3 septembre 1758, décédée le 25 mai 1807, fille de Pierre-Gabriel Lormeau, et de Catherine MAROIS; en secondes noces, à Paris, le 9 janvier 1808, par suite d'un contrat passé le 6 du même mois devant Guillaume, notaire en cette ville, en présence de Jean-Baptiste Nompère de Champagny (aujourd'hui duc de Cadore et pair de France), alors ministre des affaires étrangères, grand'-croix de la Légion-d'Honneur, etc., et Victoire Hue de Grosbois, sa femme, alliés de la future épouse, d'Emmanuel Cretet, ministre de l'intérieur, et commandant du même ordre, de Jean de la Coste, membre du conseil des prises et ancien ministre de la marine sous Louis XVI, etc., etc., Étiennette-Élisabeth-Jeanne-Athénaïs-Ursule DE PICOT DE LA MOTTE, née le 21 octobre 1785, fille de Bernard-François-Bertrand, chevalier, puis marquis de Picot de la Motte (2), né à Saint-Malo, en Bre-

---

(1) Marie-Madeleine Lormeau, première femme de M. de Courcelles, avait pour frères Pierre-Gabriel-Ambroise-Lormeau, ancien conseiller du roi, notaire au châtelet de Paris, et Étienne Lormeau, chanoine et sous-pénitencier de l'église d'Orléans. Pierre-Gabriel Lormeau, son père, était administrateur honoraire de l'hôpital de Châteauneuf-sur-Loire.

(2) Le marquis de Picot était fils (*Armorial général de France,* t. IV, au mot PICOT, en *Bretagne*) de François-Louis Picot, écuyer, sieur de Beauchesne, né le 21 avril 1703, et de Marie-Raphaëlle du Fresne.

François-Louis Picot était seigneur de la Motte-Pilaudel et des Grand et Petit Gué. Il a rendu foi et hommage pour ces différents fiefs à Julien-Ferdinand Girault, et Guillaume Eon, co-seigneurs de la Bellière, par deux actes passés devant Collin, notaire à Châteauneuf, le 18 décembre 1751, à François-Denis Beaudoüin de la Villéane, seigneur de Gouillon, par un troisième acte passé devant le même notaire le même jour, et à Emmanuel-Félicité de Durfort, duc de Duras, comme mari de Louise-Françoise-Maclovie-Céleste de Coëtquen, marquise de Coëtquen, par deux actes passés devant Michel, notaire à Plendiben, les 19 août 1752 et 29 janvier 1754.

Le 24 octobre 1751, ce même François-Louis Picot avait épousé, à Cadix, Marie-Raphaëlle du Fresne, qui était fille de Bertrand du Fresne, II° du nom, fils de Bertrand du Fresne, I° du nom, sieur du Bois-Sauvage, dont l'ancienne noblesse a été reconnue par jugement rendu au tribunal de Dinan, en Bretagne, le 21 mai 1696, par suite d'un arrêt du conseil-d'état du roi du 4 avril précédent, et d'après un autre arrêt de la chambre de réformation de la noblesse de Bretagne du 5 septembre 1669.

François-Louis Picot était fils de Michel Picot, IV° du nom, écuyer, sieur de

---

Sidenotes (left margin):

LORMEAU : d'or, à l'ormeau terrassé de sinople.

DE PICOT : écartelé, aux 1 et 4 d'azur, à 3 haches d'armes d'argent; aux 2 et 3 d'argent, à 3 léopards de gueules, l'un sur l'autre.

DU FRESNE : d'or, à la fasce de sinople, accompagnée de 3 feuilles de fresne du même.

.tagne, le 29 mars 1734. Le marquis de Picot était entré au service dans la marine en 1744. A l'âge de 13 ans, il avait déjà fait sa première campagne de mer dans l'Inde, sur l'escadre de M. Mahé de la Bourdonnais, et y avait reçu trois blessures légères. Le 10 avril 1748, dans un combat que le vaisseau de guerre le *Saint-Louis* de 44 canons, commandé par le comte d'Aché, soutint dans la rade de Mahé, côte de Malabar, contre deux vaisseaux anglais,

---

Beauchêne, né le 31 janvier 1656, et de Françoise *Joliff*, sa première femme, qu'il a épousée à Saint-Malo le 3 mars 1698.

Ce Michel Picot, IV° du nom, a épousé, en secondes noces, par contrat du 30 mai 1705, Marie *Vivien*. Il avait pour frère Pierre Picot, II° du nom, écuyer, seigneur de Closrivière, écuyer de la grande écurie du roi, qui, de son mariage avec Julienne *Eon*, a eu pour enfants, 1° Michel-Julien Picot, écuyer, seigneur de Closrivière, qui a été marié, le 2 août 1732, avec *Thérèse Tublet de Nermont*, fille de Joseph Tublet, écuyer, sieur de Nermont, et d'Hélène *Tublet*, et qui a eu pour fils Michel-Alain Picot de Closrivière, écuyer, seigneur de Limoëlan, né le 18 juillet 1734, et Pierre-Joseph Picot de Kébériac, écuyer, né le 29 juin 1735, et décédé sans postérité; 2° Julien-Étienne-Marie Picot, écuyer, sieur du Buc; 3° Marie Picot, qui a épousé, le 4 janvier 1715, Louis *de Mascrany*, marquis de Paroy, en Champagne, seigneur de Château-Chinon, d'Hermé, de Pervol et de Villers-sous-Saint-Leu, maître des requêtes honoraire et président au grand-conseil, père de François-Marie de Mascrany, marquis de Paroy, comte de Château-Chinon, dont la fille, Adélaïde-Louise de Mascrany, a épousé, au mois d'octobre 1780, Jacques, marquis *de Clermont-Mont-Saint-Jean*, lieutenant-général des armées du roi de Sardaigne, grand'croix de l'ordre de Saint-Maurice et de Saint-Lazare de Sardaigne, maréchal de camp au service de France, et député aux états-généraux de 1789.

Le même Michel Picot, IV° du nom, de son second mariage avec Marie *Vivien*, a eu Michel Picot, V° du nom, écuyer, né le 14 janvier 1712, qui a épousé, le 23 avril 1733, Marie *Picot*, sa cousine, fille de Michel Picot, VI° du nom, écuyer, sieur de Préménil, né le 17 décembre 1683, et de Jeanne-Élisabeth *Nouel*, fille de Jean Nouel, seigneur des Antons, et de Marie-Françoise *Loquet*.

Michel Picot, VI° du nom, avait pour sœur Pélagie Picot, mariée avec Henri *Baulde*, écuyer, sieur du Val, et était fils d'Étienne Picot, II° du nom, écuyer, sieur de Préménil, né le 28 mai 1630, et de Perrine *le Fer*, dame du Préclos; lequel Étienne Picot était fils puîné de Michel Picot, II° du nom, écuyer, sieur de Malabry, et de Bertrane *Groult*, mariée en 1613, et qui était fille de Jean Groult, sieur de la Ville-Alix, et de Servane *Yvon*.

Michel Picot, V° du nom, a eu pour fils, 1° Michel-Marie Picot, écuyer, né le 13 mars 1734, et décédé sans postérité; 2° Jean-Marie Picot, écuyer, né le 21 décembre 1735, marié, en 1769, avec Élisabeth-Charlotte-Gillette *Loquet de Granvil-*

JOLIFF : d'argent, à 3 haches d'armes, adossées de gueules.

VIVIEN : de gueules, au chef denché d'or.

EON : d'argent, au lion de sable; au chef de gueules, chargé d'une fleur de lys d'or.

TUBLET : d'azur, au chevron d'argent, chargé de 3 roses de gueules.

DE MASCRANY : de gueules, à 3 fasces vivrées d'argent; en cœur un écusson d'azur, chargé d'une fleur de lys d'or; au chef cousu d'azur, chargé d'une aigle d'argent couronnée d'or, adextrée d'une clef d'or, et sénestrée d'un casque de même, posé de profil.

DE CLERMONT : de gueules, à 2 clefs d'argent passées en sautoir.

NOUEL : d'argent, au pin de sinople, fruité d'or, et accosté de 2 cerfs de sable.

LOQUET : d'azur, à 3 croissants d'or, surmontés d'un cœur et de 2 étoiles rangées du même.

BAULDE : d'argent, à 3 têtes de chimère de sable.

LE FER : échiqueté d'or et de gueules.

GROULT : de sable, à trois têtes de léopard d'or.

YVON : d'or, à la bande d'azur, accompagnée en chef d'un lion de gueules.

l'un de 64 canons, et l'autre de 56. M. de Picot fut blessé grièvement au commencement de l'action : mais il n'abandonna pas le poste qui lui était confié. Six heures après, vers la fin du combat, il eut une jambe emportée par un boulet de canon. Lorsque l'état

DE FONTENAY : d'or, à la bande d'azur ; au lambel de gueules.

DE LA HOUSSAYE : échiqueté d'argent et d'azur de 6 traits.

BRILLET : d'argent, à 3 têtes de loup, arrachées. de gueules.

DE LARMANDIE : d'azur, à un homme armé de toutes pièces d'argent, ayant sa visière levée, et tenant une épée du même émail, garnie d'or.

DE GAUBERT : d'azur, à la bande d'or, accompagnée en chef d'une colombe essorante d'argent ; becquée et membrée de gueules, et en pointe d'un lion d'or, lampassé de gueules.

DE BROGLIE : d'or, au sautoir ancré d'azur.

DE LAMETH : de gueules, à la bande d'argent, accompagnée de 6 croisettes recroisettées et fichées de même, en orle.

LE FOURNIER DE WARGEMONT : d'argent, à 3 roses de gueules.

DE CLERMONT : comme à la page 43.

DE COETQUEN : bandé d'argent et de gueules.

DE DURFORT-DURAS : écartelé, aux 1 et 4 d'argent, à la bande d'azur, qui est de Durfort ; aux 2 et 3 de gueules, au lion d'argent, qui est de Lomagne.

DE BEAUMONT D'AUTICHAMP : de gueules, à la fasce d'argent, chargée de 3 fleurs de lys d'azur.

le (*), dont sont issus Michel-Jean, vicomte de Picot, seigneur de Plédran, chevalier de l'ordre royal et militaire de Saint-Louis, marié avec Aménaïde de Fontenay; Charles-Michel, baron de Picot, chevalier du même ordre, et seigneur de Gallinée, marié avec Victoire de la Houssaye, et Marie-Jeanne de Picot, mariée, le 30 août 1803, avec Prégent Brillet, comte de Villemborge, issu d'une ancienne famille d'Anjou, originaire de Bretagne, chef de bataillon honoraire, chevalier de l'ordre royal et militaire de Saint-Louis, maire de la ville d'Angers, et membre de la chambre des Députés ; 3° Étienne-François Picot, écuyer, né le 4 mai 1739, mort en bas âge; 4° Charles-César, chevalier de Picot, seigneur de Boisfeuillet et de Troguendy, marié avec N.... de Larmandie, d'une ancienne et illustre maison de Périgord.

Michel Picot, IV° du nom, aïeul de Bernard-François-Bertrand de Picot, était

(A) Élisabeth-Charlotte-Gillette Loquet de Granville est fille de Charles Loquet, seigneur de Granville, II° du nom, écuyer, maréchal des camps et armées du roi, et de Marie-Céleste de Gaubert; lequel Charles Loquet de Granville était fils de Charles Loquet, I° du nom, écuyer, seigneur de Granville, et de Gillette de Rotou. Charles, II° du nom, était frère, 1° de Thérèse-Gillette Loquet, mariée, le 15 février 1716, avec François-Marie, duc de Broglie, maréchal de France, qui a eu pour fille Marie-Thérèse de Broglie, mariée, le 20 décembre 1751, avec Louis-Charles, comte de Lameth, dont le fils, Henri-Louis, marquis de Lameth, comte de Hennecourt, a eu, de son mariage avec Josèphe-Françoise le Fournier de Wargemont, Marie-Angélique de Lameth, laquelle a épousé, le 5 janvier 1750, Charles-Louis-Joseph, marquis de Clermont-Tonnerre, comte de Thoury, mousquetaire de la garde du roi; 2° de N..., Loquet, mariée, en 1723, avec Malo-Auguste, marquis de Coëtquen, lieutenant-général des armées du roi, gouverneur de Saint-Malo, dont la fille unique, Louise-Françoise-Maclovie-Céleste de Coëtquen, a épousé Emmanuel-Félicité de Durfort, duc de Duras, pair de France, lieutenant-général des armées, chevalier des ordres du Roi, et premier gentilhomme de la chambre de S. M.

Le même Charles Loquet de Granville, II° du nom, a eu pour sœur Marie-Céleste-Perrine Loquet de Granville, mariée, le 26 juin 1737, avec Louis-Joseph de Beaumont, marquis d'Autichamp, seigneur de Montmoutier, successivement page de la grande-écurie, mousquetaire du roi, lieutenant de roi des ville et château d'Angers, et colonel-lieutenant du régiment d'Enghien infanterie, père de Jean-Thérèse-Louis de Beaumont, marquis d'Autichamp, lieutenant-général des armées du roi, chevalier de ses Ordres, grand-croix de l'ordre royal et militaire de Saint-Louis, et gouverneur du Louvre.

de sa santé lui eut permis de reprendre le service, il fut employé à Mahé jusqu'en 1751 : à cette époque il fut nommé commandant en second à Ramataly. En 1755, on confia à M. de Picot la défense du fort Nélicéram, et, en 1758, il fut choisi pour commander en second à Mahé, avec l'expectative du commandement en chef; mais, Mahé ayant été obligé de se rendre aux Anglais, en 1761, M. de Picot fut fait prisonnier de guerre, et sa captivité a duré jusqu'à la paix de 1763. A cette dernière époque, Louis XV le nomma commandant-général de tous les établissements français sur la côte de Malabar; et, en 1765, il reprit possession de Mahé en qualité de commissaire du roi. Mahé avait été détruit de fond en comble par les Anglais. M. de Picot le rétablit six mois avant qu'on lui eût envoyé de France les vaisseaux, les forces et l'argent nécessaires à cette entreprise. Le brevet de gou-

---

fils de Michel Picot, III⁰ du nom, né le 16 février 1620, écuyer, sieur de Closrivière, et de Marie *Joliff*, dame des Fontaines, lequel Michel Picot de Closrivière était fils de Michel Picot, II⁰ du nom, écuyer, sieur de Malabry, né en 1578, et de Bertrane *Groult*, déjà nommés plus haut.

Michel Picot, II⁰ du nom, était fils de Michel Picot, I⁰ du nom, né le 30 mai 1556, et de Jeanne *Cochin*, qui vivait encore en 1616.

Michel Picot, I⁰ du nom, était issu d'Alain Picot, né le 6 octobre 1530, et de Guyonne *Le Breton*; lequel Alain Picot était fils de Guillaume Picot, III⁰ du nom, seigneur de la Briantais, et de Perrine ou Pétronille *le Fer*, sa première femme.

Ce Guillaume Picot a épousé, en secondes noces, Julienne *des Granges*. Il était fils d'Étienne Picot, I⁰ du nom, et possesseur du fief de la Barbotaie dès 1513, lequel était issu de Pierre Picot, I⁰ du nom, compris, en 1481, au rôle des nobles et tenant fief de la ville de Saint-Malo, marié avec Denise *Rolland*.

Pierre Picot, I⁰ du nom, était fils d'Olivier Picot, nommé dans deux montres et revues générales des nobles de l'archidiaconé de Dinan, des 15 juin 1477 et 8 janvier 1479.

Olivier Picot était fils de Guillaume Picot, II⁰ du nom, sieur du Portail, et d'Olive *Guignen*.

Guillaume Picot, II⁰ du nom, était fils de Guillaume Picot, I⁰ du nom, et de Bertrane *Bézart*.

Enfin Guillaume Picot, I⁰ du nom, était fils de Thomas Picot, originaire d'Écosse, qui, s'étant établi à Dinan, y épousa Jeanne ou Jamette *Vincent*, et, conjointement avec elle, fit, en l'année 1344, une fondation dans la chapelle de Saint-Julien et Saint-Antoine, qui leur appartenait en l'église paroissiale de Saint-Sauveur de cette ville.

Joliff : comme à la page 43.

Groult : de sable, à 3 têtes de léopard d'or.

Le Breton : d'argent, à 5 fusées de sable, posées en fasce et accompagnées de 3 tourteaux du même.

Le Fer : comme à la page 43.

Des Granges : de gueules, frété de vair.

Rolland : d'argent, à 3 cors de chasse de sable, liés et enguichés d'or.

Guignen : d'azur, au lion d'argent; l'écu semé de fleurs de lys du même.

Vincent : de gueules, à la bande d'hermine.

verneur de cette place lui fut expédié le 21 janvier 1775, et, le
même jour, il fut promu au grade de lieutenant-colonel d'infanterie. Le 20 février suivant, le marquis de Picot reçut la décora-
tion de l'ordre de Saint-Louis. Dès le 20 février 1769, il avait été
compris parmi les membres du conseil supérieur de Pondichéry.
Le 19 mars 1779, les Anglais s'étant de nouveau emparés de
Mahé, le marquis de Picot fut fait une seconde fois prisonnier de
guerre. Il rentra en France en 1782, et y fut conservé en activité,
pour le service dans l'Inde, jusqu'en 1787. Louis XVI lui accorda
alors, en récompense de ses services (1), une pension de retraite
de 5000 livres. Le 19 juin 1792, il reçut le brevet de maréchal-
de-camp pour prendre rang du 1er mars 1791, et sa pension fut
portée à 10,000 livres. Le marquis de Picot se retira à Senlis, où
il est mort le 15 février 1797.

Étiennette-Élisabeth-Jeanne-Athénais-Ursule de Picot de la Motte,
seconde épouse de M. de Courcelles, et fille du marquis de Picot,
était issue du second mariage que ce dernier (2) avait contracté
à Paris, par contrat passé devant Gondouin, notaire en cette ville,
le 10 décembre 1783, avec Louise-Catherine CUDEL DE VILLENEUVE,
ancienne chanoinesse-comtesse du chapitre de Saint-Martin-de-
Salles, en Beaujolais (3), fille de Jean Cudel, IIIe du nom,

Coupé : d'azur, à 2 bandes d'argent, accompagnées en chef d'une étoile et en pointe d'un croissant, le tout du même émail.

(1) La Notice qu'on vient de donner sur le marquis de Picot complète celles insérées, au tome XXIV, p. 284, *de la Biographie universelle ancienne et moderne*, et
au tome VIII, pp. 370, 371, du *Dictionnaire historique des Généraux Français*. Les
services de cet officier-général, le zèle, le courage et l'intelligence qu'il a dé-
ployés dans l'exercice des diverses fonctions qui lui ont été confiées, sont attestés
tant par une lettre de M. de Sartine, ministre de la marine, du 30 janvier 1775, à
lui adressée, que par un certificat du maréchal duc de Broglie, ministre de la guerre,
apostillé par le maréchal duc de Castries, successeur de M. de Sartine dans le
ministère de la marine. (*Originaux* conservés dans les archives de la famille.)

(2) Le marquis de Picot a épousé en premières noces, à Mahé, le 29 mars
1758, Anne-Dorotille *Fermet*, décédée le 9 juillet 1780; elle était fille de
Jean-Baptiste Fermet, agent à Siam, pour la compagnie française des Indes, et
de Marguerite *Hilaire*, de Pondichéry. De ce premier mariage était issu, entr'autres enfants, (tous décédés sans postérité), Raphaël de Picot, mort lieutenant
de vaisseau.

(3) Le chapitre noble de Saint-Martin-de-Salles exigeait, pour l'admission des
chanoinesses, huit degrés paternels de noblesse et trois maternels.

écuyer (1), ancien capitaine d'infanterie au régiment de l'Ile de France, commandant de première classe à l'hôtel des Invalides, chevalier de l'ordre royal et militaire de Saint-Louis, et d'Étiennette GUÉRIN DE VILLENEUVE (2). Au contrat de mariage du marquis de Picot avec mademoiselle Cudel de Villeneuve, ont assisté François-Marie DE MASCRANY, marquis de Paroy, comte de Château-Chinon, baron de Lorme, de Vichy, de Saint-Germain, de Beauregard, etc., cousin issu de germain du futur époux ; Catherine-Claude-Camille DOUET DE VICHY, son épouse ; Jeanne-Anne HAY DE TAGHCUMSHANE, au comté de Waterford, en Irlande, parente du futur époux, et veuve de François DE ROTHE, ancien commandant du fort de Lorient, dans l'Inde, issu d'une ancienne maison originaire du pays de Galles ; Auguste et Adélaïde-Dorothée de Rothe, ses enfants ; N....., MAHÉ DE LA BOURDONNAIS, cou-

---

(1) Jean Cudel de Villeneuve, IIIe du nom, était fils de Jean Cudel de Montcolon, IIe du nom, écuyer, mousquetaire de la garde du roi, et chevalier de l'ordre royal et militaire de Saint-Louis, et de Catherine *Perrin de Précy*. Jean Cudel, IIe du nom, était fils de Jean Cudel, Ier du nom, écuyer, capitaine de dragons au régiment de la Rochetulon, et chevalier de l'ordre royal et militaire de Saint-Louis, issu d'une ancienne famille de Bourgogne.

Ce même Jean Cudel de Villeneuve, IIIe du nom, avait pour sœur Catherine Cudel, mariée avec Jean *Combrial de la Chassagne*, d'une famille originaire d'Irlande, duquel elle a eu Catherine Combrial de la Chassagne, qui a épousé Charles *de Verchère de Bornat*, écuyer, appartenant à la même famille qu'Antoine-Claude de Verchère, conseiller au parlement de Bourgogne en 1714, et seigneur d'Arcelot, et que Marie-Anne de Verchère, sœur de cet Antoine-Claude de Verchère, et mariée avec Pierre *de la Mare*, seigneur de Champigny et de Chevigny, aussi conseiller au même parlement, en 1712.

Catherine Perrin de Précy avait pour cousin-germain Jean-François-Claude Perrin de Cypierre, baron de Chevilly, conseiller du roi en ses conseils, maître des requêtes ordinaire de son hôtel et intendant de la généralité d'Orléans, et pour neveu Louis-François Perrin, comte de Précy, lieutenant-général des armées du roi, grand'croix de l'ordre royal et militaire de Saint-Louis, qui a commandé en chef les troupes royales à Lyon en 1793.

(2) Étiennette Guérin de Villeneuve avait pour sœur Françoise-Élisabeth Guérin, lectrice de la reine, et épouse de Jérôme *de Beausire*, écuyer ; et pour neveu François Guérin, vicomte d'Étoquigny, lieutenant-général des armées du roi, chevalier de l'ordre royal et militaire de Saint-Louis, commandeur de celui de la Légion d'Honneur, et marié avec Anne-Louise-Charlotte-Alexis-Alexandrine-Adélaïde *Becquin de Suzemont*.

GUÉRIN : d'azur, à 2 filets d'argent en sautoir, cantonnés de 4 bustes d'homme contournés du même.

DE MASCRANY : comme à la page 43.

HAY : d'azur, à deux fasces nébulées d'argent ; au chef du même, chargé de trois yeux au naturel.

DE ROTHE : d'or, à l'arbre terrassé de sinople ; au cerf passant d'argent, ramé d'or, brochant sur le fût de l'arbre.

MAHÉ : d'argent, à deux haches d'armes adossées de gueules, surmontées d'un croissant du même.

PERRIN DE PRÉCY : d'or, au lion de sable rampant contre une colonne de gueules, chargée de 3 fleurs de lys d'argent et posée à sénestre.

DE VERCHÈRE : de gueules, à la croix potencée d'or posée en cœur, et accompagnée en pointe d'un croissant d'argent ; au chef cousu d'azur, chargé de 3 étoiles d'or.

DE LA MARE : de gueules, au chevron d'or, accompagné de 3 coquilles d'argent.

DE BEAUSIRE : d'azur, à la fasce d'argent, chargée d'une étoile cousue d'or, et accompagnée de cinq autres étoiles du même émail, 3 en chef et 2 en pointe.

BECQUIN : d'azur, à 2 bandes d'argent, accompagnées en chef de 2 besants rangés du même émail.

sin, fils du célèbre navigateur de ce nom; Antoine-Raimond-Jean-Gualbert-Gabriel de Sartine, ancien ministre de la marine et conseiller-d'état; Yves-Alexandre de Marbeuf, comte de Lyon, et évêque d'Autun, (depuis archevêque de Lyon); Joseph de Glandevès, chanoine et comte de Saint-Victor de Marseille, et vicaire-général du diocèse de Sisteron; Jean-Baptiste de Glandevès, brigadier des armées navales, et commandant pour le roi à Marseille;

> DE SCORAILLES :
> d'azur, à trois bandes d'or.
>
> DE BUSSEUL :
> fascé d'or et de sable.

et Marie-Anne-Simonne DE SCORAILLES, cousine-germaine de la mère de la future épouse (1); et femme de François-Éléonor-Guillaume, comte DE BUSSEUL.

Louise-Catherine Cudel de Villeneuve, seconde femme du marquis de Picot, a été mariée en secondes noces à Senlis, le 10 mai

> MICAULT DE LA VIEU-VILLE :
> d'azur, au chevron d'or, accompagné de 3 chats assis du même.

1798, avec Mathurin-Jules-Anne MICAULT DE LA VIEUVILLE, chevalier de l'ordre royal et militaire de Saint-Louis, lieutenant-colonel de cavalerie, ancien officier des gardes-du-corps de S. A. R. MONSIEUR, (aujourd'hui S. M. Charles X), ancien écuyer de la reine,

---

(1) Cette parenté est expliquée par le tableau suivant :

> DE RAGUET :
> d'azur, à la tour d'argent, maçonnée de sable, et sommée d'un rat passant d'argent.
>
> DE BRANCION :
> d'azur, à trois fasces ondées d'or.
>
> DE LA MAGDELAINE :
> d'hermine, à 3 bandes de gueules, celle du milieu chargée de 5 coquilles d'or, et les deux autres de trois chacune.
>
> DE LASSUS :
> d'or, à l'étoile de sable; à la champagne ondée d'azur, et au chef de gueules.

Jacques-Charles DE RAGUET DE FOSSÉ, seigneur de Liman, en Charollais, page du roi, cinquième fils de Jean-Charles de Raguet, écuyer, seigneur de Fossé et de Liman, capitaine au régiment de Dampierre, puis mestre de camp de cavalerie, alcade de la chambre de la noblesse des états de Bourgogne, où il avait été admis à siéger sur preuves certifiées par les commissaires vérificateurs le 17 janvier 1682, et de Louise de Brancion, que celui-ci avait épousée par contrat passé devant Bodier, notaire royal à Perrecy, en Charollais, le 23 mars 1669, et qui était fille unique et héritière de Philibert, II° du nom, comte de Brancion, chef de la branche aînée de sa maison, chevalier, seigneur de Saint-Martin-en-Bresse, de la Bruyère, etc., etc., époux de Philiberte de la Magdelaine, épousa Marie-Anne-Jeanne de Lassus, de laquelle il n'eut que des filles. Trois ont été mariées. Une seule, Marie de Raguet de Fossé, épouse d'Edme de Scorailles, seigneur d'Épuys, mort au service, n'a pas eu d'enfants. Les deux autres ont laissé la postérité qui suit :—

Anne DE RAGUET DE FOSSÉ, mariée, le 6 août 1741, avec Antoine de Scorailles, dont elle fut la première femme, et dont elle a eu;	Jeanne DE RAGUET DE FOSSÉ, mariée avec N.... Guérin, dont sont issus plusieurs enfants, enir'autres :
Marie-Anne-Simonne DE SCORAILLES, mariée, le 6 mars 1766, avec François-Éléonor-Guillaume, comte de Busseul.	Étiennette GUÉRIN DE VILLENEUVE, mariée, en 1760, avec Jean Cudel de Villeneuve, III° du nom, écuyer.

épouse de Louis XVIII, et fondateur de l'Asile Royal de la Providence (1).

Jean-Baptiste-Pierre Jullien de Courcelles a eu pour enfants, de son premier mariage :

1°. Albin Jullien,
2°. Édouard Jullien, } morts en bas âge;

3°. Augustin-Étienne-Pierre, dont l'article suit;

4°. Alexandre Jullien, mort au berceau;

5°. Catherine-Madelaine-Pauline Jullien, née à Orléans le 28 janvier 1783, mariée, 1° en la même ville, le 20 avril 1800, avec Pierre-François Tassin de Saint-Péreuse, II° du nom, écuyer, fils de Pierre-François Tassin (2),

---

(1) Cet asile, situé hors Paris, près la barrière des Martyrs, commune de Montmartre, a été fondé, en 1804, par M. et Mme Micault de la Vieuville, et est devenu établissement royal par ordonnance du roi du 24 décembre 1817. Il sert de retraite à soixante vieillards ou infirmes des deux sexes; et douze des soixante places sont gratuites. La nomination à l'une de ces douze places a été assurée à perpétuité, par l'ordonnance précitée, à madame de la Vieuville, et, après elle, à madame de Courcelles, sa fille, et à l'aîné de sa descendance.

(2) Pierre-François Tassin, Ier du nom, était fils de François Tassin, écuyer, secrétaire du roi, et de Susanne de Cougniou *, lequel François Tassin était fils de Charles Tassin, Ier du nom, et de Catherine Roucellet, descendante de Jean Roucellet, seigneur des Essarts, et de Catherine de Villebreisme.

Le nom de Tassin était distingué dans les 14e, 15e et 16e siècles par les emplois civils et militaires qu'ont successivement exercés :

1°. N... Tassin, compris avec la qualité d'écuyer dans un dénombrement de fiefs et arrières-fiefs, en Beauce, dressé vers l'an 1520, lequel existait à la chambre des comptes de Paris, et est aujourd'hui entre les mains de M. de Courcelles;

2°. André Tassin, qui servait en qualité d'homme d'armes sous le maréchal de Culant, suivant un rôle daté du 6 août 1346. (Rôle original aux archives de la famille);

3°. N... Tassin, notaire-secrétaire du roi depuis l'année 1350, jusqu'en l'année 1359, qui a signé en cette qualité des lettres et mandements du roi Jean, datés de 1350 et 1351, et compris dans la collection des Ordonnances des rois de France, tome IV, pages 27, 40 et 97. Il a concouru, le 2 novembre 1359, à une délibération prise par la compagnie des notaires-secrétaires du roi, et rappelée

* Susanne de Cougniou était fille de François de Cougniou, et de Thérèse Gaudefroy, et petite-fille de Michel de Cougniou, et d'Élisabeth Jogues, sœur de Françoise Jogues, mariée avec Édouard Gorrant, trisaïeul maternel de M. de Courcelles.

TASSIN : d'argent, au chevron de gueules, accompagné en chef de 3 étoiles d'azur, et surmonté d'un croissant du même, et en pointe d'une aigle contournée et essorante de sable.

ROUCELLET : d'argent, à 3 haches d'armes de sable.

DE VILLEBREISME : d'or, au dragon de gueules, membré d'azur.

JOGUES : d'or, au chevron de sable, chargé de 3 étoiles d'or, et accompagné en chef de 2 têtes de cerf arrachées et affrontées au naturel, et en pointe d'un rocher d'argent au flanc sénestre, d'où jaillit une fontaine au naturel, et au flanc dextre d'une cannette nageante d'argent.

HUDAULT :
de gueules, à la co-
lombe d'or, tenant
en son bec une bran-
che d'olivier d'argent
et posée sur une ter-
rasse de sinople.

D'ALÈS :
de gueules, à la fasce
d'argent, accompa-
gnée de 3 merlettes
du même.

I⁰ᵗ du nom, écuyer, et de Louise-Adélaïde Hudault (1); 2° aussi à Orléans, le 2 juillet 1804, avec Charles-Hugues, chevalier d'Alès, che-

dans l'*Histoire chronologique de la Chancellerie de France*, par Tessereau, tome I,
page 22, délibération qu'il a signée avec ses collègues, et notamment avec Guillaume Jullien, III⁰ du nom, mentionné plus haut, page 10 * ;

4°. Jean Tassin, qui a figuré comme chevalier-bachelier, avec un écuyer sous
ses ordres, dans la liste des nobles assemblés à Dijon par Philippe le Hardi, duc
de Bourgogne, en mars et avril 1367. (*Histoire de Bourgogne*, par D. Plancher,
tome III, page 559);

5°. Autre Jean Tassin, qui a fait partie d'une compagnie de 132 hommes de
guerre à pied, chargée de la garde et défense de la ville de Gravelines, et dont la
revue a eu lieu en cette ville, le 1ᵉʳ juin 1396. (*Rôle original*);

6°. Jacquet Tassin, compris, le 4 avril 1435, dans le contrôle des gens d'armes et de trait, de la garnison de Neufchâtel sous la charge de Louis de Spolx,
chevalier, capitaine de cette place. (*Rôle original*);

7°. Jean Tassin, qui faisait partie d'une compagnie de 400 hommes de guerre
commandée par Antoine d'Autret, sieur de Rostin, leur capitaine particulier, sous
les ordres du seigneur de Bussy-d'Amboise, capitaine général de la même compagnie, suivant une revue faite au camp devant Pavie, en Italie, le 6 novembre
1524. (*Rôle original*);

8°. Autre Jean Tassin, qui a servi dans une compagnie de 95 hommes de
guerre à pied, passée en revue, au Crest, par le capitaine de la Croix le 23 juillet 1570, et ensuite dans une autre compagnie de 150 hommes de guerre à pied,
du régiment de M. de la Motte-Bardigues, dont la revue a été faite par M. du
Bouzet, capitaine de cette compagnie, au camp devant la Rochelle, le 23 avril
1573. (*Rôles originaux*);

9°. Enfin, François Tassin, secrétaire ordinaire de la reine Anne d'Autriche,
épouse de Louis XIII, en 1627, suivant une *Quittance originale*, par lui donnée
en cette qualité à M. d'Argouges, trésorier-général de la reine, le 31 décembre
de cette année.

Il existe en Champagne une famille de *Tassin*, originaire de Brie, connue sous
la dénomination de seigneurs de la Noue, de la Moricerie, de Monceau, des De-
serts, etc., laquelle a été maintenue dans sa noblesse, en 1672, par M. le Fèvre de
Caumartin, intendant de Champagne, et dont le premier auteur, cité dans la production des titres de cette famille, était Jean de Tassin, écuyer, seigneur de la
Noue, vivant en 1510, et portant pour armoiries : *De gueules, à 4 grains de fro-
ment d'argent, rangés en fasce, accompagnés en chef d'un soleil d'or, et en pointe
d'un croissant d'argent.* On peut consulter sur cette famille le *Nobiliaire de Champagne*, dressé sur la recherche de cette province, grand in-fol. t. II.

(1) Louise-Adélaïde Hudault, épouse de Pierre-François Tassin, I⁰ᵗ du nom,

* On a annoncé page 11, que Guillaume Jullien, en signant, comme secré-

valier de l'ordre royal de la Légion-d'Honneur, ancien garde de la porte du Roi et sous-préfet de l'arrondissement de Cognac (Charente), fils de Pierre-Louis-Hugues, vicomte d'Alès (1), seigneur de Corbet, en Dunois, chevalier de l'ordre de Saint-Lazare et de l'ordre royal et militaire de Saint-Louis, ancien officier de dragons, et de Marie-Pauline-Justine-Fortunée Tassin de Charsonville. (2). Elle est décédée à Orléans, le 31

était fille de Pierre-Aignan Hudault, maire d'Orléans en 1774, et de Marie-Marguerite-Louise *Crignon de Bonvalet*, fille d'Anselme Crignon de Bonvalet du Petit Bois, écuyer, secrétaire du roi, et de Marguerite *du Four*, lequel Pierre-Aignan Hudault était fils de Pierre-Étienne Hudault, aussi maire d'Orléans en 1742, et de Marguerite *Isambert*.

(1) La généalogie de la maison d'Alès de Corbet est insérée au tome IV de l'*Histoire généalogique des Pairs de France, des grands dignitaires de la couronne et des principales familles nobles du royaume*. Cette maison, originaire du comté de Kierry, au royaume d'Irlande, est autant distinguée par son ancienneté et ses alliances, que par onze générations de services militaires dans les grades supérieurs. Les chroniques d'Irlande font mention de la maison d'Alès comme d'une des plus recommandables par ses illustrations et son antiquité. Elle a formé un grand nombre de rameaux, dont plusieurs se sont successivement étendus en Écosse, en Angleterre et dans plusieurs provinces de France. Celui duquel est issu le gendre de M. de Courcelles existait en Touraine dès le XIIIe siècle.

Jean d'Alès comparut avec la noblesse, en 1272, au ban convoqué à Tours par le roi Philippe le Hardi.

(2) Marie-Pauline-Justine-Fortunée Tassin de Charsonville, épouse de Pierre-Louis-Hugues d'Alès, est née du mariage de Charles-François Tassin, chevalier, seigneur de Charsonville, secrétaire du roi, grand-maître des eaux et forêts de l'Orléanais, et de Marie-Anne *Colas des Francs*, sa première femme, fille de François Colas des Francs, écuyer, seigneur de Villepion, et de Marie-Anne *Haudry*, lequel François Colas des Francs était fils de Robert Colas, IIIe du nom, sieur des Francs et de Puchesse, et de Claude-Madelaine *Foucault*.

Charles-François Tassin était fils de Charles Tassin, IIe du nom, maire d'Orléans en 1754, et frère de François Tassin, nommé plus haut, aïeul du premier mari de Catherine-Madelaine-Pauline Jullien, lequel Charles Tassin avait épousé Marie-Madelaine *Jousse*, sœur de Daniel Jousse, conseiller du roi, juge-magistrat aux bailliage, siége présidial et châtelet d'Orléans.

taire des commandements du roi, deux mandements de l'année 1364, avait fait suivre son nom du mot *Contentor*. L'emploi de cette expression appartenait au grand audiencier de France. (*Histoire de Berry*, par Thaumas de la Thaumassière, in-folio, page 1120) : et en effet, c'est parce que Guillaume Jullien remplissait la double fonction de notaire-secrétaire du roi et de grand audiencier, en 1364, que sa signature se trouve suivie du mot *Contentor*.

TASSIN : d'argent, au chevron de gueules, accompagné en chef de 2 étoiles d'azur, et surmonté d'un croissant du même, et en pointe d'une aigle contournée et essorante de sable.

CRIGNON : d'azur, à la fasce d'or, chargée d'un pal de gueules, et accompagnée en chef d'une étoile d'argent et en pointe d'une ancre du même.

ISAMBERT : d'azur, à la croix ancrée d'argent, cantonnée de 4 étoiles du même.

COLAS : d'or, au chêne de sinople, terrassé de sable, au sanglier passant de sable, sur une terrasse du même.

HAUDRY : d'azur, à la gerbe d'or, surmontée à sénestre d'une aigle de profil, fixant un soleil naissant, le tout aussi d'or.

FOUCAULT : d'argent, à la fasce de gueules, chargée de 2 étoiles du champ, et accompagnée en pointe d'une coquille d'or.

JOUSSE : d'azur, à 2 canons affutés d'or, posés en sautoir et accompagnés de 2 boulets du même, 1 en chef et 1 en pointe.

janvier 1807. Le chevalier d'Alès a épousé, en secondes noces, le 3 septembre 1820, Charlotte-Joséphine DU PUY, fille de Jean du Puy, ancien membre de la chambre des députés pour le département de la Charente, et de Françoise GILBERT; enfin, en troisièmes noces, le 20 novembre 1824, Marie-Claude DE VAUCHAUSSADE DE CHAUMONT, fille de Jean-Baptiste de Vauchaussade, baron de Chaumont, chef d'escadron, chevalier de Saint-Louis, et de dame Marie-Jeanne-Renée CHARETTE DE BEAULIEU. De ce mariage est née, le 10 décembre 1825, Marie-Caroline-Louise d'Alès. Catherine-Madelaine-Pauline Jullien a eu pour enfants ;

Du premier lit :

A. Pierre-Amédée Tassin de Saint-Péreuse, né à Orléans, le 8 septembre 1803, propriétaire des terres, ci-devant seigneuriales, de Saint-Péreuse et Besnes, près Château-Chinon, en Nivernais, ancien officier de hussards ;

Du second lit :

B. Pierre-Hugues-Palamède d'Alès, né à Orléans, le 10 décembre 1806, élève de l'école royale et militaire de Saint-Cyr, décédé à Cognac le 1ᵉʳ juillet 1825.

Du second mariage de Jean-Baptiste-Pierre Jullien de Courcelles, sont issus :

1°. Pierre-Marie-Charles-Victor Jullien de Courcelles, né à Paris, le 21 juillet 1817;

2°. Edme-François-Marie-Léon Jullien de Courcelles, né à Suresne, près Paris, le 29 juillet 1821;

3°. Marie-Louise-Geneviève-Augustine-Athénaïs Jullien de Courcelles, née à Paris, le 11 avril 1810;

4°. Marie-Anne-Amélie Jullien de Courcelles, née à Paris, le 21 mars 1814, morte le 8 février 1816.

XVIII. Augustin-Étienne-Pierre JULLIEN DE SAUMERY, né à Orléans le 5 juin 1789, devenu propriétaire de l'ancien fief seigneurial de Saumery (1), du chef de Marie-Madelaine Lormeau, sa mère, par partage fait devant Caillaux, notaire à Orléans, le 28 novembre 1807, a acquis, dans le Nivernais, les terres d'Aglan, en la paroisse de Lucenay, et de la Vallée, en celle de Saint-Ger-

(1) *Saumery*, ancien castel, situé en Beauce, paroisse de Saint-Peravy-la-Colombe, près Patay.

main-en-Viry, près Decize. Il a épousé, par contrat passé devant Ca-
bart, aussi notaire à Orléans, le 26 novembre 1809, Félicité-Élisa-
beth LOYRÉ, fille de François-Claude Loyré (1), écuyer, d'abord
conseiller du roi, juge-magistrat aux bailliage, siége présidial et châtelet d'Orléans, ensuite président en la cour royale de cette ville,
et chevalier de l'ordre royal de la Légion d'Honneur, et de Marie-
Félicité CRIGNON DE BONVALET (2). De ce mariage sont issus :

1°. Étienne-Marie-François-Hermyle Jullien de Saumery, né à Orléans le
11 novembre 1811;

2°. Augustin-Marie-Adelmir Jullien, né à Orléans, le 10 janvier 1814;

3°. Anselme-Marie-Hector Jullien, né à Orléans, le 18 avril 1818;

4°. Charles-Edme-Nicolas-Henri Jullien, né à Orléans, le 3 décembre 1820;

5°. Marie-Félicité-Augustine-Thaïs Jullien, née à Orléans, le 18 septembre 1810.

SEIGNEURS DE VILLIERS, *en Beauce.*

XI. Macé JULLIEN, écuyer, troisième fils de Guyot Jullien et de
Marie Roussillard, épousa Marie MICHAUD, fille de Hugues Michaud,
secrétaire des commandements du duc de Savoie en 1551, et puis
maître des comptes à Chambéry en 1553. Il en eut trois fils ;

1°. Macé Jullien, écuyer, époux de Madelaine JULLIEN, sa cousine-germaine, fille de Jean Jullien, Ier du nom, de la branche *des seigneurs* DE
HALOPIN *et* DES MASURES;

2°. Alexandre Ier, qui a continué la descendance ;

3°. Mathurin Jullien, écuyer, marié, à Orléans, avec Madelaine GODEFROY,
dont est née une fille :

Anne Jullien, alliée, à Orléans, avec Philippe HOTMAN, seigneur de

---

(1) François-Claude Loyré est fils de François Loyré, écuyer, secrétaire du
roi, et de Louise-Élisabeth *Lhuillier de Godonville.*

(2) Marie-Félicité Crignon de Bonvalet est sœur d'Antoine-Édouard Crignon
des Ormeaux, baron de Sévenay, ancien maire d'Orléans, et fille de François-
Anselme Crignon de Bonvalet, écuyer, aussi ancien maire de la même ville et
membre de l'assemblée des notables de 1787, frère de Marie-Marguerite-Louise
Crignon de Bonvalet, dont il a été ci-dessus parlé, et qui était aïeule maternelle
du premier mari de Catherine-Madelaine-Pauline Jullien, sœur de M. de Saumery; lequel François-Anselme Crignon de Bonvalet a épousé Geneviève-Fran-
çoise *Gorrant*, fille de Robert Gorrant, qui était frère de Jean-Baptiste Gorrant,
père de Marie-Madelaine Gorrant, femme de Pierre-Nicolas Jullien, aïeul dudit
sieur de Saumery.

Bougemont et d'Achères, fils de Charles Hotman (1), chevalier, seigneur des mêmes lieux, maître ordinaire en la chambre des comptes de Paris, et de Marie Boldart.

XII. Alexandre JULLIEN, Iᵉʳ du nom, écuyer, épousa Madelaine DE CREIL, d'une famille distinguée de la ville de Paris (2), et en eut ;

1°. Alexandre IIᵉ, dont l'article suit ;

2°. Françoise Jullien, épouse de Charles PIGACHE, écuyer, sieur de Gonneville, qui a eu pour fille Élisabeth-Madelaine Pigache, laquelle a épousé, le 6 août 1660, Hervé SIMON, écuyer, seigneur de Burnayast, qui a eu pour fille Marie-Élisabeth Simon, mariée, le 2 avril 1693, avec Philippe

---

(1) Charles Hotman était fils de Jean Hotman, sieur de Balisy et trésorier de l'ordre de Malte, et de Thomase le Lorrain, et petit-fils de Lambert Hotman, fils de Gérard, et originaire de la ville d'Emerick, au duché de Clèves, qui vint en France avec Engilbert de Clèves, comte de Nevers, vers l'an 1470, et fut maître-d'hôtel de ce prince. (Dict. de la Noblesse, t. VIII, au mot HOTMAN, p. 118.)

Philippe Hotman et Anne Jullien ont eu pour fille Pétronille Hotman, mariée, en premières noces, avec Étienne de Renier, écuyer, seigneur d'Aumont, et, en secondes noces, avec Claude Sain de Montigny, qui en a eu Nicolas Sain, capitaine d'infanterie, et Catherine Sain, mariée avec Gaspard de Vélard, chevalier, seigneur de Châteauvieux. (Même Dictionnaire, t. XII, au mot SAIN, p. 428.)

(2) C'est à cette famille qu'ont appartenu 1° Marguerite de Creil, mariée avec Réné de Maupeou, président de la cour des aides de Paris en 1609; 2° Anne de Creil, mariée avec Gilles de Maupeou, seigneur d'Albeiges, conseiller au parlement de Paris en 1618, puis maître des requêtes en 1624, frère de Réné; 3° Catherine de Creil, mariée avec Jean Amelot, conseiller du roi en ses conseils, maître des requêtes de son hôtel et président au grand conseil, dont la fille, Marie Amelot, a épousé, le 15 octobre 1627, Antoine de Nicolaï, père de Nicolas de Nicolaï, chevalier, marquis de Goussainville, seigneur de Presle et d'Yvor, premier président de la chambre des comptes de Paris en 1649. (Armorial général de France, t. IX, au mot NICOLAI, p. 22.); 4° Anne de Creil, mariée avec Barthélemi Auzanet, conseiller au grand conseil, dont la fille, Catherine-Jeanne Auzanet, a épousé, en 1690, Éléonor de Flexelles, marquis de Bregy et baron de Saint-Sévère. (Même armorial, t. VIII, au mot DE FLEXELLES p. 6.); 5° Marie de Creil, mariée, le 25 novembre 1616, avec Jean Pinon, chevalier, seigneur de Doncy, Vitry-sur-Seine, et autres lieux, fils de Jacques Pinon, conseiller-d'état, décédé doyen du parlement de Paris, le 25 avril 1641 ; 6° enfin autre Marie de Creil, (cousine-germaine de celle qui précède, et sœur de mesdames de Maupeou et Amelot), mariée avec Réné DE MARILLAC, seigneur de Farinvilliers, maître des requêtes, mort en 1621.

[Colonne de gauche — armoiries]

DE CREIL :
d'azur, au chevron d'or, chargé de 5 molettes d'éperon de sable, et accompagné de 3 roses d'or.

PIGACHE :
d'argent, à 3 cornets de gueules.

SIMON :
d'azur, à 3 épieus d'or.

DE RENIER :
d'azur, à 6 besants d'argent.

SAIN :
d'azur, à la fasce d'argent, chargée d'une tête de maure au naturel, tortillée d'argent, et accompagnée de 3 coquilles d'or, 2 en chef et 1 en pointe.

DE VÉLARD :
d'azur, semé de croix alérées d'or; au chef d'or.

DE MAUPEOU :
d'argent, au porc-épic de sable ; au chef d'azur, chargé de 3 étoiles d'or.

AMELOT :
d'azur, à 3 cœurs d'or, surmontés d'un soleil du même.

DE NICOLAÏ :
d'azur, à la levrette courante d'argent, accolée de gueules et bouclée d'or.

AUZANET :
d'azur, semé de larmes d'argent; au chef d'or, à l'arbre arraché d'or, brochant sur le tout.

DE FLEXELLES :
d'azur, au lion d'argent; au chef d'or, chargé de 3 besants de gueules.

PINON :
d'azur, au chevron d'or, accompagné de trois pommes de pin du même.

DE MARILLAC :
d'argent, maçonné de sable de 7 carreaux, 2, 3 et 2 chargés chacun d'une merlette de sable.

LE CAUX, écuyer, seigneur de Préménil, lieutenant de roi en la vicomté de Valognes (1).

XIII. Alexandre JULLIEN, II° du nom, écuyer, seigneur de Villiers (2), près Ablis et Auneau, en Beauce, terre qu'il acquit de Nicolas Aléaume (3), épousa 1°, à Orléans, en 1619, Étiennette MARIETTE (4), fille de Robert Mariette, II° du nom, et de Françoise AMANJON; 2°, par contrat du 30 avril 1628, Madelaine ROBERT (5).

(1) *Armorial général de France*, au mot SIMON, t. IX, p. 3.

(2) *Villiers*, paroisse située à deux lieues de Dourdan.

(3) Nicolas *Aléaume* avait épousé Madelaine *le Maistre*. Ses ancêtres ont possédé la seigneurie de Villiers pendant plusieurs générations. Ils remontaient à Ferri Aléaume, marié avec Yolande *Lambert*, et fils de Ferri Aléaume, sieur de Sainville, et de Perrine *Chartier*.

(4) Étiennette Mariette était sœur de Françoise Mariette, mariée avec Jacques *Roucellet*, dont il a été parlé plus haut, page 33, et l'une des aïeules maternelles de M. de Courcelles.

(5) Madelaine Robert était sœur de Claude Robert, écuyer, maître des requêtes ordinaire de Gaston, fils de France, marié avec Marguerite *Guyet*. Ce Claude Robert a eu pour fils Pierre Robert de Saint-Martin, intendant des finances du prince de Condé, qui a épousé Marie *Doublet*, et de qui est issu Pierre-Nicolas Robert de Saint-Vincent, doyen des requêtes du palais du parlement de Paris, marié avec Louise-Marie *Nivelle*, et père de Pierre-Augustin Robert de Saint-Vincent, seigneur de Saint-Maurice-sur-Fessard, et conseiller de grand'-chambre au même parlement, qui a épousé Élisabeth *Jogues*, issue de la même famille que Françoise Jogues, femme d'Édouard Gorrant, et bis-aïeule maternelle de M. de Courcelles; lequel Pierre-Augustin Robert de Saint-Vincent a eu pour enfants :

1°. Pierre-Antoine Robert, vicomte de Saint-Vincent, d'abord conseiller au parlement de Paris en 1778, ensuite conseiller en la cour de cassation en 1814, chevalier de l'ordre royal de la Légion-d'Honneur, qui a épousé Jeanne-Rosalie *de Forceville*, et a été père de

Pierre-Gustave-Léopold, vicomte Robert de Saint-Vincent, capitaine au corps royal du génie, et chevalier de l'ordre royal et militaire de Saint-Louis et de celui de la Légion-d'Honneur, marié, en 1826, avec Alphonsine *de Coucquault d'Avelon*;

2°. N.... Robert de Saint-Vincent, capitaine de vaisseau, chevalier de l'ordre royal et militaire de Saint-Louis, marié avec Clotilde *Veyret de Valagnon*, et qui a laissé deux fils, Louis, vicomte Robert de Saint-Vincent, et Albéric Robert de Saint-Vincent;

3°. Marie-Louise-Euphrasie Robert de Saint-Vincent, mariée avec Jean-Michel *de Chanteur*, chevalier de l'ordre de la Légion-d'Honneur, d'abord conseiller au parlement de Paris, puis conseiller en la cour royale de cette ville.

MARIETTE : d'or, au chevron d'azur, accompagné de 3 grenades de sinople.

AMANJON : d'argent, à la bande de gueules, chargée d'une étoile d'or.

ROBERT : d'or, à la vache de gueules, accolée et clarinée d'azur, ayant sur la tête une étoile du même; au chef d'azur.

ALÉAUME : d'azur, à 3 coqs d'or, crêtés, armés et membrés de gueules.

LE MAISTRE : d'azur, à trois soucis d'or.

LAMBERT : d'azur, au chevron d'or, accompagné de 2 étoiles en chef et d'un lion en pointe, le tout du même.

GUYET : d'azur, à 2 chevrons d'or, accompagnés en pointe d'un croissant d'argent.

DOUBLET : d'azur, à 3 doublets ou papillons d'or, volants en bande; 2 et 1.

NIVELLE : d'azur, au rencontre de cerf d'or, surmonté d'une croix patée du même.

JOGUES : comme à la page 49.

DE FORCEVILLE : de gueules, au sautoir d'argent, bordé de sable et chargé aux extrémités de 4 merlettes du même.

DE COUCQUAULT D'AVELON : de gueules, à la croix denchée d'or, cantonnée de 4 aiglettes d'argent.

LE CHANTEUR : de gueules, au chevron d'or, accompagné de 3 larmes d'argent.

DE BAGNEAUX :
d'azur; au chevron
d'or, accompagné de
3 feuilles de groselier
d'argent.

fille de Jean Robert, écuyer, secrétaire du roi, et d'Anne DE
BAGNEAUX. Alexandre Jullien a eu pour enfants;

Du premier lit :

1° Alexandre, III° du nom, qui suit;

Du second lit :

2°. François, dont la postérité sera mentionnée ci-après.

DU HAN :
d'argent, à la bande
fuselée de sable, ac-
compagnée en chef
d'un lion morné de
gueules.

XIV. Alexandre JULLIEN, III° du nom, écuyer, seigneur de
Villiers, né le 25 juin 1625, épousa, en 1648, Anne DU HAN, issue
d'une branche cadette d'une trè-ancienne famille noble, originaire de Bretagne (1). De ce mariage sont issus :

1°. Alexandre IV, dont l'article suit;
2°. Madelaine Jullien, femme de N.... DINAN DE LUNIÈRE;

SIBOULT :

XV. Alexandre JULLIEN, IV° du nom, écuyer, seigneur de
Villiers, né en 1650, épousa, en 1682, Marie SIBOULT, dont il
laissa :

1°. Alexandre Jullien, seigneur de Villiers, né en 1686, mort en 1704, sans
avoir été marié;
2°. François Jullien de Villiers, né en 1695, conseiller du roi, correcteur
en la chambre des comptes de Paris, mort sans postérité.

BERNIER :
d'azur, à la fasce d'ar-
gent, chargée de 3
roses de gueules, et
accompagnée en chef
de 3 étoiles d'or, et
en pointe d'un lion
naissant du même.

XIV. François JULLIEN, écuyer, fils puîné d'Alexandre Jullien, II°
du nom, seigneur de Villiers, et de Madelaine Robert, sa seconde
femme, épousa, au mois de juin 1659, Marie BERNIER, dont il eut
trois enfants :

1°. Jean-Louis, dont l'article suit;
2°. Jean-Baptiste Jullien, écuyer, commissaire de l'artillerie de France,
pourvu, en 1746, d'une charge de conseiller-secrétaire du roi. Il a laissé
de Catherine ARTAULT, son épouse :

ARTAULT :
d'azur, au chevron
d'or, accompagné en
chef de 3 croissants
mal ordonnés d'ar-
gent, et en pointe
d'un lion d'or.

Antoine-Jean-Baptiste-Alexandre Jullien, chevalier, conseiller du roi
en ses conseils, procureur-général de S. M. aux eaux et forêts
de France, puis intendant de la généralité d'Alençon. Son dévouement à la cause royale l'a rendu victime du tribunal révolutionnaire,
le 7 juillet 1794. Il avait épousé, le 31 décembre 1748, Élisabeth

(1) Les du Han, seigneurs de Bertry, de Launay et du Poulmy, ont été maintenus dans leur ancienne extraction, prouvée depuis l'année 1380, et dans la
qualité de *chevalier*, par arrêt de la chambre établie pour la réformation de la
noblesse de Bretagne, du 27 octobre 1668.

BAUDON, fille de François Baudon, écuyer, secrétaire du roi, et de Rose de Verneuil;

3°. Marie-Marguerite Jullien, mariée, le 25 novembre 1683, avec Edme du Doyer, seigneur de Vauventriers, secrétaire du roi, et intendant des armées de S. M. en Espagne. Elle en a eu :

A. Henri-François du Doyer, chevalier, seigneur de Vauventriers, conseiller du roi, auditeur en la chambre des comptes de Paris, marié, le 7 août 1716, avec Anne-Edmée-Catherine Taupinard de Tillières, qui l'a rendu père d'Edme-Henri du Doyer, chevalier, d'abord conseiller-auditeur en la même chambre des comptes, ensuite conseiller au parlement de Paris, décédé sans postérité;

B. Denis-François du Doyer, chevalier, seigneur de Chaulnoix, marié, en 1725, avec Louise le Comte de Mandeville, et qui a eu pour fils Denis-Henri-Étienne du Doyer de Chaulnoix, chevalier, seigneur de la Porte, Beauvais, le Petit-Bois, la mairie de Friaise, et autres lieux, capitaine-commandant d'infanterie, marié, en 1760, avec Henriette-Louise-Françoise de Saint-Pol de Males, et qui a laissé :

I. Denis-Nicolas-Louis du Doyer de Chaulnoix, chevalier, ancien chevau-léger de la garde du roi, chevalier de l'ordre royal et militaire de Saint-Louis, lieutenant-colonel de cavalerie;

II. Henriette-Louise-Gabrielle du Doyer de Chaulnoix, religieuse bénédictine, fondatrice et supérieure de la maison royale de bénédictines existant à Paris, rue du Regard, n° 5;

III. Rosalie-Jean-Baptiste-Philippe-Auguste du Doyer de Chaulnoix de Beauvais, mariée, en 1799, avec Louis-François-Bernard le Noir de Lanchal, écuyer, ancien colonel au corps royal du génie, chevalier de l'ordre royal et militaire de Saint-Louis et officier de l'ordre royal de la Légion-d'Honneur, qui a pour filles :

a. Marie-Louise-Eugénie-Rosalie le Noir de Lanchal, mariée, le 26 janvier 1819, avec Augustin-Louis le Royer de la Rochemondière, issu d'une ancienne famille du Dubois;

b. Cornélie de Noir de Lanchal.

XV. Jean-Louis Jullien, écuyer, seigneur de Prunay-sous-Ablis (1), avait, en 1727, la survivance de la charge de bailli de la justice du chapitre de l'église de Notre-Dame de Paris. Il a épousé, par contrat du 8 août 1685, Anne-Françoise Tartarin, petite-

---

(1) *Prunay-sous-Ablis*, paroisse de 114 feux, située à 4 lieues et demie N.-E. de Chartres.

8

fille de Jacques Tartarin, échevin de Paris en 1637. Il n'a laissé qu'une fille, nommée Élisabeth-Louise, dont on va parler.

XVI. Élisabeth-Louise JULLIEN, héritière de sa branche, a été mariée, le 23 janvier 1745, avec Charles-Jacques ROBETHON, écuyer, conseiller du roi, correcteur en la chambre des comptes de Paris, qu'elle a rendu père de.

Charles-Louis Robethon, écuyer, seigneur de Bétonvilliers, mousquetaire de la garde du roi.

SEIGNEURS DE RECLAINE ET DE LA CHAPELLE-SOUS-BRANCION.

IX. Nicolas JULLIEN, Ier du nom, écuyer, seigneur de Reclaine, troisième fils de Gérard Jullien, IIe du nom, écuyer, seigneur de Reclaine et de Verrey-sous-Salmaise, et d'Antoinette de Carrieres, s'établit à Givry dans le Châlonnais, et épousa Antoinette FACQUE-TET, fille de Renaud Facquetet, d'Arnay-le-Duc, et de Marguerite MAUBLANC DE CHISEUIL. De ce mariage sont provenus :

1°. Edme Ier, dont l'article suit ;

2°. Guillaume Jullien, écuyer, chanoine de l'église collégiale de Saint-Georges de Châlons-sur-Saône, et curé de Buxy, en 1544. Il fit donation de tous ses biens, tant paternels que maternels, à Edme Jullien, son frère aîné ;

3°. Jeanne Jullien, mariée avec Maurice PERRIN, par contrat du 17 janvier 1544;

4°. Barbe-Anne Jullien, } mortes sans alliances.

5°. Claudine Jullien;

X. Edme JULLIEN, Ier du nom dans cette branche, écuyer, licencié ès-droits, seigneur de Reclaine et de la Chapelle-sous-Brancion (1), servit d'abord comme homme d'armes, et fut compris en cette qualité dans l'arrière-ban du bailliage d'Auxois. Il devint ensuite conseiller du roi, lieutenant-particulier au bailliage de Châlons, et épousa, par contrat du 11 novembre 1537, Guillemette DE CORNET, fille de Pierre de Cornet, écuyer, seigneur de la Chapelle-sous-Brancion, et de Madelaine BRUNE. Il fut compris,

---

(1) La Chapelle-sous-Brancion, paroisse située dans le bailliage de Mâcon, à deux lieues un quart de Tournus.

comme seigneur de la Chapelle-sous-Brançion, dans la déclaration des feux du bailliage de Châlons, en 1543; et, les 8 et 16 novembre 1548, lui et sa femme firent une reprise de fief pour une maison noble que celle-ci possédait au village de la Chapelle, et pour un droit d'usage dont elle jouissait, pour les nécessités de cette maison, dans les bois de Champoise (1). Edme Jullien eut pour enfants :

1°. Nicolas, II° du nom, dont l'article suit;

2°. Robert Jullien, écuyer, seigneur en partie de Reclaine, qui épousa Claudine GAGNEPAIN, fille d'Antoine Gagnepain, conseiller au sénat de Chambéry institué par François Ier, et de Françoise PELLOT;

3°. Guillaume Jullien, écuyer, seigneur en partie de Reclaine et de la Chapelle-sous-Brançion, qui servit pendant quelques années en qualité d'homme d'armes, puis embrassa l'état ecclésiastique, et mourut chanoine et trésorier de l'église cathédrale de Châlons;

4°. Étienne Jullien, écuyer, chanoine de l'église collégiale de Saint-Georges de la même ville;

5°. Marie Jullien, alliée, par contrat du 20 avril 1556, avec Philibert PERRAULT, écuyer, seigneur de Montrevost, capitaine d'infanterie, auquel elle porta la terre seigneuriale de la Chapelle-sous-Brançion. Il était fils de Guillaume Perrault, seigneur de Montrevost et de Sailly (2), et de Guie DE MACHÉCO (3).

XI. Nicolas JULLIEN, II° du nom, écuyer, seigneur de Reclaine, servit dans sa jeunesse en qualité d'archer des ordonnances du roi, dans la compagnie du baron de Torcy, qui fut passée en revue à Dreux, les 23 janvier et 2 juillet 1563 (4). Il devint ensuite bailli du grand cloître de Saint-Vincent et maire de la ville de Châlons-sur-Saône, pendant les années 1575, 1576, 1577, 1580, 1586 et 1598. En 1576, le duc de Mayenne ayant entraîné dans le parti de la ligue

GAGNEPAIN : d'azur, au chevron d'or, accompagné de 3 molettes d'éperon du même, celle en pointe surmontée d'un croissant d'argent.

PELLOT : de sable, à la tierce d'or posée en bande.

PERRAULT : parti, au 1 d'azur, à la croix patriarcale d'or, accompagnée en pointe de 3 annelets du même; au 2 d'azur, à 3 bandes d'or.

DE MACHÉCO : d'azur, au chevron d'or, accompagné de 3 têtes de perdrix arrachées du même.

GOYON : d'argent, au lion de gueules, couronné d'or.

(1) Archives de l'ancienne chambre des comptes de Dijon.

(2) Guillaume Perrault descendait de Colin Perrault, écuyer, seigneur des Fontaines, des Tourelles, de la Morlaye et autres lieux en Bretagne, qui vivait en 1390, et avait épousé Bertrane Goyon. (Dictionnaire de la Noblesse, in-4°, par la Chesnaye des Bois, tome XI, page 269.)

(3) Guie de Machéco descendait de Richard de Machéco, maître de la chambre aux deniers de Philippe le Bon, duc de Bourgogne.

(4) Les originaux de ces deux revues sont entre les mains de M. de Courcelles.

plusieurs villes de Bourgogne, et particulièrement Dijon, Beaune et Autun, le parlement de Bourgogne, resté fidèle au roi, et présidé par Bénigne Frémiot, et la chambre des comptes, se retirèrent à Sémur, en Auxois. Le comte Gaspard de Tavannes, commandant en Bourgogne, et le président Frémiot, rassemblèrent auprès d'eux les gentilshommes qui avaient résisté aux sollicitations du duc de Mayenne, et parmi lesquels se trouvaient, dit M. l'abbé Courtépée, auteur de la *Description historique du duché de Bourgogne,* imprimée en 1777, t. II, p. 80, MM. Baillet de Vaugrenant, de Clugny, Rabutin de Chantal, Choiseul de Chevigny, de Jaucourt, de Grancey, Jullien de Réclaine, Bretagne, Quarré, Fyot, Valon, Damas de Saint-Rirand, etc. Le 8 octobre 1594, Nicolas Jullien et Humbert Perrault, son neveu, reçurent du roi Henri IV une lettre, par laquelle ce monarque les encourageait à maintenir Châlons dans son obéissance (1). Le duc de Mayenne, instruit des dispositions qu'ils prenaient pour remplir les vues du roi, les fit conduire, avec d'autres habitants principaux de Châlons, dans la citadelle de cette ville, citadelle dont il était maître depuis 1588. (*Même ouvrage,* t. IV, p. 440.)

Nicolas Jullien, en 1577, soutint avec fermeté, dans sa qualité de maire de Châlons, le privilège qu'avait cette ville, et dont elle avait été mise en possession dès l'année 1256, de choisir librement ses magistrats. Quatre places d'échevins étaient vacantes. Léonor Chabot, comte de Charny, grand-écuyer de France, et lieutenant-général au gouvernement de la province, avait envoyé à Châlons Pierre Villedieu, pour diriger ou au moins influencer l'élection des échevins. Nicolas Jullien s'opposa vigoureusement, dans la séance qui se tenait pour cela à l'Hôtel-de-Ville, à la lecture de la lettre du comte de Charny dont Villedieu était porteur ; et, malgré les oppositions de ce dernier, ce furent, non pas les personnes désignées par le comte de Charny, mais celles choisies par les habitants de Châlons qui furent promues à l'échevinage. Bientôt après, une nouvelle occasion se présenta de défendre les droits de la cité. Il s'agissait de la nomination du capitaine (gouverneur) de Châlons. Nicolas Jullien parvint à faire nommer

(1) Cette lettre a été conservée en original par la famille Perrault.

par la ville, à cette place éminente, Claude de Bauffremont, baron de Sénecey, et chevalier de l'ordre du Roi, qui, le 3o juin de la même année 1577, prêta serment entre les mains du maire. Celui-ci de son côté fit, au nom de la ville, une prestation de serment entre les mains de ce seigneur, comme capitaine de Châlons, et Henri III, laissant la ville jouir de son privilége, révoqua les lettres de provisions de cette même place de capitaine qu'il avait accordées à Philibert Bernard de Montessus (1).

Nicolas Jullien avait été élu, en 1576, député du bailliage de Châlons aux états convoqués à Blois pour l'époque du 15 novembre de cette année (2).

Ce fut en sa faveur et en celle de Philippe Bataille, conseiller au bailliage de Châlons, que fut rendu au grand-conseil, le 19 août 1604, un arrêt (3), où furent visés leurs titres de noblesse, et en vertu duquel ils furent déclarés gentilshommes, et exemptés de certaines contributions auxquelles ils avaient été imposés. Parmi les pièces produites par Nicolas Jullien, se trouve l'enquête qui avait été faite, en 1524, à la requête de Guillaume Jullien, doyen de l'église collégiale de Saint-Jean de Dijon.

Nicolas Jullien avait épousé, en premières noces, Jeanne QUARRÉ, morte sans enfants, fille de Philibert Quarré (4), seigneur de Loisy, et d'Élisabeth DE LA PERRIÈRE. Il épousa, en secondes noces, Anne PERRAULT, fille de Claude Perrault (5), lieutenant des eaux et

QUARRÉ : échiqueté d'azur et d'argent ; au chef d'or, chargé d'un lion léopardé de sable, lampassé et armé de gueules.

DE LA PERRIÈRE : d'azur, à la fasce d'or, accompagnée de 2 croissants d'or en chef, et de 3 étoiles du même en pointe.

PERRAULT : parti, au 1 d'azur, à la croix patriarcale d'or, accompagnée en pointe de 3 annelets du même ; au 2 d'azur, à 3 bandes d'or.

(1) *Histoire civile et ecclésiastique de la ville de Châlons*, par Claude Perry, in-f°, pages 183, 351 et 352.

(2) *Manuscrits de D. Villevieille*, à la *Bibliothèque du Roi*, registre des *Etats* pour l'année 1581.

(3) Cet arrêt, conservé par la famille Bataille, l'une des plus recommandables de la Bourgogne, est aujourd'hui entre les mains de M. Henri-Camille-Sophie Bataille, comte de Mandelot, chevalier de l'ordre royal et militaire de Saint-Louis et ancien colonel de dragons, résidant à Autun, et descendant, au cinquième degré, de Philippe Bataille.

(4) La filiation de la famille Quarré remonte à Huguenin Quarré, écuyer, qui servait en Flandre en 1302. (*Dictionnaire de la Noblesse* de la Chesnaye des Bois, t. XI, p. 600.)

(5) Claude Perrault descendait, comme Guillaume Perrault dont on a parlé plus haut, page 59, de Colin Perrault et de Bertrane Goyon.

GOYON : d'argent, au lion de gueules, couronné d'or.

forêts du Châlonnais, et de Marguerite BAILLET DE VAUGRÉNANT (1). Nicolas Jullien mourut le 10 juillet 1606, laissant pour enfants, de son second mariage :

BAILLET : d'argent, à 3 chardons de gueules, tigés et feuillés de sinople.

1°. Edme, II° du nom, dont l'article suit;

2°. Marguerite Jullien, mariée avec Edme DE MUCIE (2), et mère de Jacques de Mucie, reçu conseiller au parlement de Bourgogne en 1632;

3°. Catherine-Jullien, religieuse du tiers ordre de Saint-François au monastère de Sainte-Claire de Seurre;

DE MUCIE : d'azur, à la croix fleuronnée d'or, fichée dans un cœur du même.

4°. Jeanne-Jullien, épouse d'Edme NIQUEVARD, avocat au parlement, puis conseiller-enquêteur au bailliage de Châlons-sur-Saône, qu'elle a rendu père de :

NIQUEVARD : tranché d'or et d'azur, l'or chargé d'un lion issant de gueules.

A. N... Niquevard, lieutenant-général au même bailliage;

B. Jacqueline Niquevard, mariée, le 8 juin 1646, avec François DE THÉSUT, mort le 23 mai 1684.

DE THÉSUT : d'or, à la bande de gueules, chargée de 3 flanchis d'or.

XII. Edme JULLIEN, II° du nom, écuyer, et qualifié, par les historiens, *magistrat aussi recommandable par sa naissance que par son mérite* (3), était, en 1639, conseiller du roi, lieutenant particulier et criminel au bailliage de Châlons. Il fut nommé maire de Châlons en 1631, et en exerça les fonctions en cette année, en 1637 et en 1643. En 1639, il fut élu député aux états de la province (4). En 1661, il fut l'un des commissaires choisis, sur la demande du chapitre de l'église cathédrale de Châlons, pour constater les dégâts que les protestants avaient faits dans cette église, et il en dressa procès-

---

BATAILLE : d'argent, à 3 flammes de gueules, mouvantes du pied de l'écu.

DE LOYSIS : d'azur, au filet enlacé d'or, à la bordure de même.

FYOT : d'azur, au chevron d'or, accompagné de 3 losanges du même.

(1) Marguerite Baillet était fille de Jean Baillet, baron de Saint-Germain, seigneur de Vaugrenant, premier président au parlement de Bourgogne en 1551, et nièce d'Anne Baillet, seconde femme de Philippe *Bataille*, mentionné p. 61.

(2) Edme de Mucie descendait de Jean de Mucie, qualifié damoiseau en 1408, et de Jeanne *de Loysis*. La maison de Mucie a possédé les seigneuries de Péronne, Sathonay et Montgin en Maconnais, et ensuite celles d'Escoüelles, Sertat, etc., dans les bailliages de Dijon et de Châlons. Elle s'est fondue dans la maison des seigneurs de la Marche par le mariage de la fille unique de Jacques de Mucie, seigneur de Neuilly, président à mortier au parlement de Bourgogne, avec Philippe *Fyot de la Marche*, comte de Bosjan, aussi président à mortier au même parlement, laquelle est décédée en 1757.

(3) *Histoire civile et ecclésiastique de la ville de Châlons*, par Claude Perry, page 230.

(4) *Registre des États pour 1639*, à la Bibliothèque du Roi.

verbal. En 1663, Edme Jullien autorisa, dans sa qualité de lieutenant particulier, un traité entre l'évêque de Châlons et N..... de
Gadagne, baron de Verdun, relatif au rachat de la terre de Saint-
Jean de Verdun que cet évêque avait aliénée, et dans la propriété
de laquelle il est rentré en vertu de ce traité (1).

Edme Jullien avait épousé, par contrat du 7 juin 1626, Anne
MARLOUD (2), fille de Guillaume Marloud, échevin de Châlons, et
de Marie BARBUOT. Il mourut en 1658, laissant huit enfants :

1°. Benoît, dont l'article suit;
2°. Claude Jullien, auteur de la branche des *seigneurs* DE VILLENEUVE;
3°. Nicolas Jullien, écuyer, chanoine de l'église cathédrale de Châlons-sur-
Saône, qui, en 1698, fit registrer ses armoiries à l'armorial général de
Bourgogne (3) ;
4°. Jean Jullien, écuyer, qui suivit d'abord la carrière militaire, devint lieutenant de cavalerie, et embrassa ensuite l'état ecclésiastique;
5°. Jeanne-Marie Jullien,
6°. Élisabeth Jullien, } religieuses au monastère de la Visitation de
7°. Anne Jullien, Sainte-Marie de Châlons;
8°. Claudine Jullien, dont on ignore la destinée.

XIII. Benoît JULLIEN, écuyer, succéda, en 1667, aux charges
qu'exerçait son père, et les quitta, en 1675, pour remplir l'office
de greffier-secrétaire en chef des états de la province de Bourgogne, que Guillaume d'Espringles, écuyer, seigneur de Varan-
ges, lui avait vendu, moyennant une somme de 103,500 livres, par
contrat passé devant Lange et son confrère, notaires au châtelet
de Paris, le 25 janvier de cette même année 1675. Il avait épousé,
par contrat du 6 juillet 1657, Jeanne TAPIN DE PÉRIGNY, fille de
Pierre Tapin, seigneur de Périgny, conseiller-secrétaire du roi près
le parlement de Bourgogne, et de Judith MAGNIEN. Benoît Jullien
mourut avant l'année 1685, et Jeanne Tapin, sa veuve, à laquelle
la terre de Rosey (4), ou fief de la Chaume, à Rosey, était échue

---

(1) *Histoire de la ville de Châlons*, pages 332 et 336.
(2) Anne Marloud était sœur de Jean-Baptiste Marloud, seigneur de Charnail-
les et de Jamble, conseiller-maître en la chambre des comptes de Dijon, et de
Jeanne Marloud, épouse de Claude *Bataille*, fils de Jean Bataille, et de Judith
Perrault, et petit-fils de Philippe Bataille, nommé plus haut, page 61.
(3) *Armorial de Bourgogne*, à la Bibliothèque du Roi, tome III, folio 93.
(4) *Rosey :* paroisse située près Buxy.

MARLOUD :
d'azur, au mont som-
mé de 2 aigles esso-
rantes et affrontées
d'or, regardant en
chef un soleil du mê-
me.

BARBUOT :
de sinople, à la fasce
d'argent, accompa-
gnée de 3 épis d'or,
2 en chef, et 1 en
pointe.

TAPIN :
d'azur, au chevron
d'or, accompagné en
chef de 2 étoiles d'ar-
gent, et en pointe
d'un pin du même.

MAGNIEN :
d'azur, à 2 palmes a-
dossées d'or.

BATAILLE :
comme à la page 61.

PERRAULT :
comme à la page 61.

par le partage de la succession de Pierre Tapin, son père, fit une reprise de fief, et rendit le dénombrement de cette terre les 31 juillet 1687 et 9 janvier 1699 (1). Benoît Jullien a eu de son mariage vingt-deux enfants, dont sept sont morts au berceau ; les quinze autres furent :

1°. Pierre Jullien, écuyer, né en 1658, d'abord volontaire sur les galères de France, puis capitaine au régiment Dauphin, marié à Valenciennes, où il est mort en 1716;

2°. Joseph Jullien, né en 1659,
3°. Nicolas I Jullien, né en 1660,
4°. Nicolas II Jullien, né en 1661,   } morts jeunes;
5°. Nicolas III Jullien, né en 1665,

6°. Jacques, qui a continué la descendance, et dont l'article suit;

7°. Edme Jullien, écuyer, né en 1669, chanoine et trésorier de l'église cathédrale de Châlons-sur-Saône;

8°. François Jullien, écuyer, né le 2 février 1678, capitaine d'infanterie au régiment de la Couronne, mort en 1706;

9°. Jean Jullien, écuyer, seigneur de la Chaume, né en 1682, capitaine d'infanterie au régiment de la Chesnelaye. Il fut héritier testamentaire de sa mère; fit une reprise de fief et fournit son dénombrement, le 24 janvier 1720, pour la terre de la Chaume, qui lui était échue par le partage de la succession de cette dernière, opéré le 11 décembre 1719. Jean Jullien fut reçu en la chambre de la noblesse des états de Bourgogne en 1721 (2). Il épousa Marguerite CANAT, et fit son testament en présence de Plassard, notaire à Châlons, le 30 décembre 1747, testament par lequel il légua l'usufruit de la terre de la Chaume à sa femme et la propriété à Jeanne-Henriette Jullien, sa nièce, épouse de Claude-Charles Bernard de Blancey. Ce fût par suite de ce legs que Marguerite Canat, alors veuve de Jean Jullien, fit une reprise de fief et fournit un dénombrement, pour cette même terre, les 14 juillet 1761 et 26 janvier 1769;

CANAT : coupé, au 1 d'azur, semé de croissants d'argent; au 2 de gueules, à la chausse-trape d'or.

10°. Joseph Jullien, écuyer, né en 1685, marié avec N... CLERGUET (3), dont il n'eut point d'enfants;

CLERGUET : d'argent, à 5 fusées rangées de sable.

_____

(1) Archives de la chambre des comptes de Dijon.

(2) *Catalogue des gentilshommes des états de Bourgogne*, page 60, colonne 2°.

(3) C'est à cette famille qu'ont appartenu :

1°. Salomon Clerguet, poète latin, député aux états de Blois en 1588, et mort en 1632. Il avait mérité par sa fidélité au roi d'être emprisonné par le duc de Mayenne en 1594, avec Nicolas Jullien et Humbert Perrault, dont il a été parlé

11°. Marie Jullien, née en 1662, ⎫
12°. Jeanne-Marie Jullien, née en 1664; ⎪
13°. Claudine Jullien, née en 1667, ⎬ toutes religieuses au couvent
14°. Autre Jeanne-Marie Jullien, née le ⎪ de la Visitation de Châlons-
    19 juin 1679, ⎪ sur-Saône.
15°. Aimée Jullien, née en 1680, ⎭

XIV. Jacques JULLIEN, écuyer, né en 1666, succéda à Benoît
Jullien, son père, dans la place de greffier-secrétaire en chef des
états de Bourgogne, au mois de mai 1685, et épousa, en 1697,
Jeanne-Thérèse VITHIER, fille de Jean-Baptiste Vithier, conseiller
du roi, maître ordinaire en la chambre des comptes de Dijon, et
de Jeanne PETIT. Ces deux époux firent registrer leurs armoiries
à l'armorial général de Bourgogne, en 1698 (1). Ils n'eurent que
des filles :

1°. Anne-Louise Jullien, mariée avec François-Bernard FLEURY, dont elle
    eut trois enfants, Charles-François, Charlotte et Elisabeth Fleury, suivant
    une reprise de fief de l'année 1728;
2°. Jeanne-Marie Jullien, religieuse au couvent des Ursulines de Dijon;
3°. Jeanne-Henriette Jullien, mariée, le 27 décembre 1722, avec Claude-
    Charles BERNARD (2), écuyer, seigneur de Blancey, qui devint secrétaire
    en chef des états de Bourgogne, en remplacement de Jacques Jullien, son

VITHIER : de gueules, au chevron d'or, accompagné de 5 pommes de pin du même ; au chef cousu d'azur, chargé de 2 croisettes d'argent.

PETIT : d'azur, au lion d'or.

FLEURY : d'azur, à 3 croisettes fleuronnées et fichées d'or, et une étoile du même au centre de l'écu.

BERNARD : d'azur, à la fasce d'or, chargée d'une molette d'éperon d'azur, et accompagnée en chef de 2 coutelas d'argent en sautoir, les pointes en bas, surmontant une hure de sanglier du même émail, et en pointe d'une bannière d'or, fûtée d'argent.

---

plus haut, page 60. (Description historique du duché de Bourgogne, par M.
Courtépée, tome IV, page 553.)

2°. Antoine Clerguet de Loisey, lieutenant des maréchaux de France, capitaine chef de la grande-fauconnerie, et dont le père était président au parlement
de Dombes. (Même ouvrage, tome V, page 157.)

(1) Armorial de Bourgogne, à la Bibliothèque du Roi, tome I, folio 95.

(2) La famille Bernard, originaire de Châlons-sur-Saône, s'est établie à Dijon,
et se distingue des autres familles de ce nom existantes en Bourgogne, par le
surnom de Sassenay.
   Parmi les membres de cette famille, on remarque 1° Étienne Bernard, maire
de Dijon, orateur du tiers-état aux états de Blois en 1588, puis conseiller au parlement de Bourgogne, mort en 1609 ; 2° Jean Bernard, son fils, lieutenant-général au bailliage de Châlons et conseiller-d'état, décédé en 1652 ; 3° Bernard
Bernard, seigneur de Sassenay, président à mortier au même parlement en la
même année 1652, mort en 1682.
   Cette famille s'est alliée à la maison de Vienne. (Indice armorial, par Palliot, page 79.)

DE VIENNE : de gueules, à l'aigle d'or.

beau-père. Jeanne-Henriette Jullien fut, comme on l'a dit plus haut, instituée légataire de Jean Jullien, son oncle, par le testament de ce dernier du 30 décembre 1747, et recueillit de sa succession la propriété de la terre de la Chaume en Rosey. Claude-Charles Bernard était fils d'André Bernard, II° du nom, seigneur de Chaintré, de Chantôt, de Droux, etc., conseiller au parlement de Dijon, et de Marguerite BRETAGNE (1), sa seconde femme. De son mariage avec Jeanne-Henriette Jullien sont nés :

A. André-Jean Bernard, seigneur de Blancey, qui a succédé à son père dans la place de secrétaire des états de Bourgogne;

B. N.... Bernard, qui a épousé Pierre COTTIN, baron de Joncy, reçu conseiller au parlement de Bourgogne le 6 novembre 1758, et fils d'Octave Cottin, conseiller au même parlement, et de Marie-Étiennette BURTEUR.

· SEIGNEURS ET BARONS DE VILLENEUVE, *en Forez* (2).

XIII. Claude JULLIEN, écuyer, second fils d'Edme Jullien, II° du nom, dans la branche des seigneurs *de Reclaine et de la Chapelle-sous-Brancion*, et d'Anne Marloud, épousa N.... CANAT, et eut de ce mariage Antoine, qui suit.

XIV. Antoine JULLIEN, écuyer, épousa Françoise-Virginie DE TRÉMÉOLLES DE BARGES, issue d'une ancienne famille noble du Forez (3), et de laquelle il eut :

1°. Jacques-Étienne, qui suit;

2°. Brigide Jullien, mariée avec Georges-Joseph DU PUY (4), écuyer, sei-

---

(1) Marguerite Bretagne descendait d'Antoine Bretagne, chevalier, baron de Loisy, premier président, d'abord au parlement de Metz, et ensuite au parlement de Dijon en 1637.

(2) *Cette branche porte* : coupé, au 1 d'azur, au lion d'or, lampassé et armé de gueules, qui est de *Jullien*, et pour brisure, au 2 de gueules, au pal d'argent. (*Manuscrits du cabinet de M. le comte de Saint-Priest,* ancien ministre de la maison du roi, existant dans les archives de M. de Courcelles, tome II, page 29.)

(3). C'est à cette famille qu'appartenait Marie-Marguerite de Tréméolles de Barges, mariée, par contrat du 22 avril 1724, avec Joseph-Roger, marquis *de Damas*, comte de Rousset, baron de Villars, seigneur de Raptalon, lieutenant des vaisseaux du roi et chevalier de l'ordre royal et militaire de Saint-Louis.

(4) Georges-Joseph du Puy était issu d'une ancienne famille, originaire du

---

BRETAGNE : d'azur, à la fasce ondée d'or, accompagnée en chef de 5 grillets du même, et en pointe d'un croissant d'argent.

COTTIN : d'azur, à deux colonnes d'or.

BURTEUR : d'azur, au chevron d'or, accompagné de trois flèches tombantes d'argent.

CANAT : coupé, au 1 d'azur, semé de croissants d'argent; au 2 de gueules, à la chausse-trape d'or.

DE TRÉMÉOLLES : écartelé, aux 1 et 4 d'or, à l'aigle de sable, becquée et membrée de gueules; aux 2 et 3 contre-écartelés de gueules, à 3 pals d'or, et d'argent plein.

DU PUY : d'or, à la bande de sable, chargée de 3 roses d'argent; au chef d'azur, chargé de trois étoiles d'or.

DE DAMAS : d'or, à la croix ancrée de gueules.

gneur de Chastelard, en Forez, qui a fait, le 26 décembre 1756, en présence de Jean Paire, notaire royal à Saint-Haon-le-Châtel, son testament mystique, ouvert le 14 janvier 1757, et déposé au greffe des sénéchaussées de Roanne et Saint-Étienne, testament dans lequel il rappelle le décès de Brigide Jullien, sa femme, institue son héritier universel Pierre-Joseph du Puy, son fils aîné, lieutenant au régiment de Picardie, et fait des legs particuliers à Claude du Puy, son fils puîné, à Marie-Antoinette du Puy, sa fille, épouse d'autre Claude du Puy, écuyer, et à Catherine et Jeanne-Marie du Puy, ses autres filles (1).

DE PARCHAS : d'or, au lion de sable, accompagné de trois cœurs de gueules ; au chef d'azur, chargé d'une étoile d'argent.

TARDY : d'argent, à 3 cyprès arrachés de sinople et rangés ; au chef de gueules, chargé de 3 besants d'or.

XV. Jacques-Étienne JULLIEN, écuyer, seigneur de Villeneuve, né le 1er juin 1698, épousa, par contrat du 26 août 1725, Anne-Marie DE PARCHAS DE SAINT-MARC, fille de Marcellin de Parchas de Saint-Marc, écuyer, et de Claudine TARDY DE MONTRAVEL. Il en eut :

1°. Claude-Marcellin, dont l'article suit ;

2°. Virginie Jullien, née le 30 août 1731, mariée, le 20 janvier 1761, avec Pierre-Joseph D'ARLOS, comte d'Entremont, baron de Saint-Victor en Forez, fils d'Antoine, comte d'Arlos, et de Sibylle-Catherine-Lucrèce DU MONTET DE LA COLONGE ;

D'ARLOS : d'azur, au lion d'or, lampassé et armé de gueules.

3°. Marie-Anne Jullien, née le 16 octobre 1732, mariée, le 4 septembre 1753, avec Nicolas-François DE VILLE, écuyer, seigneur de Ville, chevalier de l'ordre militaire de Christ de Portugal, lieutenant ordinaire de la grande venerie du roi, et ancien ingénieur en chef à Lyon, fils d'André-Nicolas de Ville, écuyer, capitaine d'infanterie, puis ingénieur en chef, et de Françoise-Gabrielle FORGET.

DE VILLE : d'or, à la croix de gueules.

FORGET : d'azur, au chevron d'or, accompagné de 3 coquilles du même.

XVI. Claude-Marcellin JULLIEN, écuyer, seigneur de Villeneuve, lieutenant des maréchaux de France en Forez, né le 12 juin 1726, épousa, par contrat du 29 janvier 1749, Marguerite DE BEGET, fille d'Armand de Beget, chevalier, seigneur de Flachat, près de Monistrol en Velay, et de Françoise DE LEYRIS D'ESPONCHÈS. Ils ont eu, entr'autres enfants :

DE BEGET : d'azur, au dauphin d'argent, accompagné de 3 étoiles du même.

DE LEYRIS : d'argent, au rameau de laurier de sinople en bande, accompagné de 2 annelets de gueules ; au chef d'azur.

Berry, établie, d'abord en Forez, par Pierre du Puy, II° du nom, avant l'année 1400, et ensuite en Bourgogne, vers 1560, par Louis du Puy, né en 1526, sixième fils de Geoffroi, écuyer, seigneur du Puy et de Laval, et père de Bénigne du Puy, l'un des aïeux de Georges-Joseph. Cette famille a donné des chevaliers de l'ordre de Saint-Jean de Jérusalem, des conseillers d'état aux cours de France et de Lorraine, et des magistrats au parlement de Paris. (*Dictionnaire de la Noblesse*, in-4°, t. XI, pages 585 et suivantes.)

(1) *Titre original* aux archives de la famille.

DE DIENNE :
d'azur, au chevron
d'argent, accompa-
gné de 3 croissants
d'or.

JULLIEN DE VILLE-
NEUVE :
coupé, au 1 d'azur,
au lion d'or, lampas-
sé et armé de gueu-
les, et pour brisure,
au 2 de gueules, au
pal d'argent.

1°. Armand-Marie, dont l'article suit;

2°. Nicolas-François Jullien, *chevalier de Villeneuve*, ancien officier au régiment de Savoie-Carignan, infanterie, capitaine de grenadiers de la
garnison de Lyon, lors de la défense de cette ville pour la cause royale,
et décoré, le 31 octobre 1815, de la croix de l'ordre royal et militaire de
Saint-Louis. Il a épousé, le 4 janvier 1796, Marguerite-Sophie DE DIEN-
NE (1), qui l'a rendu père de :

Jeanne-Marie-Marguerite-Clotilde Jullien de Villeneuve, mariée, le 14
septembre 1816, avec Nicolas-François-Marie-Eugène JULLIEN DE
VILLENEUVE, son cousin-germain.

XVII. Armand-Marie JULLIEN, écuyer, seigneur de Villeneuve,
a épousé N.... DE MAYOL DE LUPÉ, dont il a eu :

DE MAYOL :
écartelé, aux 1 et 4
d'or, à 5 pommes de
pin de sinople, 2, 2
et 1, qui est *de Ma-
yol*; aux 2 et 3 d'azur,
à trois bandes d'or,
qui est *de Lupé*.

1°. Claude-Marie-François-de-Sales, qui suit;

2°. Nicolas-François-Marie-Eugène Jullien, *chevalier de Villeneuve*, chevalier de l'ordre royal de la Légion-d'Honneur, marié, le 14 septembre
1816, avec Jeanne-Marie-Marguerite-Clotilde JULLIEN DE VILLENEUVE, sa
cousine-germaine;

3°. Antoine-Marie-Fleuri-Zéphirin Jullien de Villeneuve, nommé, le 18
juillet 1815, chevalier de l'ordre royal de la Légion-d'Honneur.

BÉATRIX :
d'argent, au lion de
sable, lampassé et
armé de gueules, cou-
ronné d'or, et chargé
à l'épaule de 5 croi-
settes d'argent.

GAUDET :
d'argent, au godet
de gueules.

DALLEMAGNE :
de gueules, au châ-
teau d'or.

XVIII. Claude-Marie-François-de-Sales JULLIEN, chevalier,
baron DE VILLENEUVE, né le 20 janvier 1785, créé baron par
lettres-patentes de S. M. Louis XVIII, du 3 novembre 1819,
membre du conseil-général du département de l'Ain, et maire de
la ville de Belley, a épousé 1°, le 20 février 1810, Anthelmette
BÉATRIX; 2°, le 25 juillet 1815, Jeanne-Christine GAUDET, alors
veuve, depuis le 25 juin 1813, de Claude, baron DALLEMAGNE,
général de division, membre du corps-législatif, commandant
des ordres de la Légion-d'Honneur et de la Couronne de Fer. Du
premier lit est issue :

Jeanne-Françoise-Anthelmette Jullien de Villeneuve.

(1) La maison de Dienne, d'origine chevaleresque, tire son nom d'une des ba-
ronnies les plus considérables de la province d'Auvergne, où elle florissait dès le
onzième siècle. Elle prouve sa filiation depuis Léon, chevalier, seigneur de Dienne, qui vivait en 1187. Cette maison a été admise dans l'ordre de Malte depuis
le milieu du quatorzième siècle, et elle a donné des comtes du chapitre de Saint-
Julien de Brioude depuis l'an 1473.

SEIGNEURS ET MARQUIS DE MONS , *en Languedoc.*

La branche des seigneurs et marquis de Mons est établie pages xxx et suiv.

FRAGMENTS

Sur quelques familles portant le nom de JULLIEN, *qui ont une origine différente de celle de la famille dont on vient de donner la généalogie.*

I

L'une de ces familles, connue sous le nom *Jullian* ou *Jullien*, résidait en Normandie dans la sergenterie du Hommet, près de Carentan, et elle y fut déclarée *noble de race* par Raimond de Montfaut, nommé commissaire vérificateur de la noblesse de Normandie par le roi Louis XI. Le 1er janvier 1463 (v. st.), Nicolas Jullian, l'un des membres de cette famille, fut compris par Montfaut dans l'état nominatif des nobles de cette sergenterie. (*Recherche de Montfaut*, publiée par M. Labbey de la Roque en 1818, p. 76.)

Marguerite *Jullian* ou *Jullien*, fille de Nicolas, épousa Nicolas d'*Arclais*, écuyer, seigneur de Montbosc, en 1446 lequel servait, en 1465, dans la compagnie du bailli de Cotentin, et comparut, en 1470, en équipage de guerre, à la montre des nobles destinés à la défense de la Normandie. (*Portefeuille des manuscrits du cabinet des ordres du Roi*, tome III, page 60, où il est dit que Nicolas d'Arclais était petit-fils de Jean d'Arclais, panetier du roi Charles VI, en 1402, et de Perrette *de Montbosc.*)

Jean *Jullian* ou *Jullien*, l'un des parents de Nicolas, avait servi en qualité d'archer, sous les ordres du duc de Bedfort, capitaine (gouverneur) des ville et châtellenie de Caen, et a fait partie de la garnison de cette ville, dont la montre a eu lieu le 22 octobre 1434. (*Original* entre les mains de M. de Courcelles.)

Gervais *Jullian* ou *Jullien* a figuré comme archer sous les ordres du comte de Guise, dans une autre montre du 29 août 1492. (*Original* aussi possédé par M. de Courcelles.)

Philippe Jullien, seigneur des Costils-Goupillières, et appartenant à la même famille, épousa Anne *de Moges*, fille d'Olivier de Moges, écuyer, seigneur de Montenay et de Launay, marié, le 6 juillet 1579, avec Marguerite *Malherbe*.

Cette famille portait: *de gueules, à trois losanges d'argent.*

9*

II.

Une autre famille du même nom existe en Normandie, et porte: *d'azur, à une épée d'argent en pal, garnie d'or, la pointe en haut, accostée de deux lions affrontés du même.* Elle a été anoblie par lettres de 1597. L'un des membres de cette famille, seigneur d'Arpentigny, élection de Valogne, a été maintenu dans sa noblesse en 1666.

François Jullien, seigneur de Crollé et issu de cette famille, a épousé Jacqueline *de Tilly*, fille de Jean de Tilly, seigneur de Carbonville et de la Hogue, et de Françoise *Avice*, et en a eu Robert Jullien, seigneur du Bellin et de Crollé, époux de Marguerite *Brisset*, et père de Perrette Jullien, mariée avec Gilles *Simon*, seigneur de Parfourou, la Bargerie et Turqueville.

On présume que c'est à cette même famille qu'ont appartenu : 1° Hébert Jullien, qui habitait Gisors en 1350, et dont il est fait mention au tome II, p. 404, de la Collection des *Ordonnances des rois de France*; 2° Guillaume Jullien, qui vivait à Valogne en 1544, et dont il est parlé dans une ordonnance du lieutenant de la vicomté de Valogne du 10 février de cette année; 3° un autre Guillaume Jullien, nommé dans une sentence du bailli d'Argentan du 30 novembre 1584; 4° Anne Jullien, qui a épousé Jean *le Mercier*, et était veuve de lui en 1628, suivant les lettres de compulsoire du 26 février de cette année. (*Originaux* entre les mains de M. de Courcelles.)

III.

Une famille originaire du comté Venaissin porte : *d'or, au chevron d'azur, accompagné de trois pates de lion de gueules.* C'est à cette famille qu'appartenait Madelaine Jullien, fille d'Antoine Jullien, *dit* de Bedarrides, et de Louise *Vitelli*, laquelle Madelaine Jullien a épousé, le 12 juin 1595, François *de la Croix*. (*Histoire de la noblesse du comté Venaissin*, par Pithon-Curt, tome Ier, page 382.)

Dans le même comté a existé une autre famille portant : *d'azur à trois grenades ouvertes d'or.* Bertrand de Jullien, sieur de Piélas, appartenant à cette famille, a eu de son mariage avec Catherine *de Jouilet* Louise de Jullien, mariée à Claude *de Cavaillon*, seigneur de Rochegude, qu'elle a rendu père de Madelaine de Cavaillon de Rochegude, qui a épousé Louis *de Séguins*, seigneur de Piégons, et a eu pour fils Joseph de Séguins, reçu chevalier de l'ordre de Saint-Jean de Jérusalem, langue de Provence, au prieuré de Saint-Gilles, en 1642.

IV.

Une autre existe en Provence. Joseph Jullien son auteur, avocat au parlement d'Aix, a été anobli par lettres du mois de mars 1747. Cette famille porte : *de gueules, au sautoir d'argent; au chef cousu d'azur, chargé de trois étoiles d'or.*

V.

Une autre est établie en Vivarais, et porte : *écartelé, aux 1. et 4 d'azur, à une colombe essorante d'argent; aux 2 et 3 de sable, à une tour maçonnée et coulissée d'argent : sur le tout d'or, à la bande de gueules.*

Jean Jullien, son premier auteur connu, vivait au commencement du seizième siècle. Elle a été maintenue dans sa noblesse le 20 septembre 1669, par jugement de M. de Bézons, intendant de Languedoc. (*Pièces fugitives pour servir à l'Histoire de France,* tom. Ier, partie 2e, pages 160 et 320.)

VI.

Une autre subsiste en Languedoc, et porte le nom de *Jullien de Pégayrolles.* La terre de Pégayrolles a été érigée en marquisat par lettres du mois de novembre 1759, en faveur d'Hippolyte Jullien de Pégayrolles, fils de Jacques Jullien, conseiller au parlement de Toulouse. (*Tableau de la Noblesse,* par Waroquier de Combles, tome IV, page 306.) Hombeline Jullien de Pégayrolles, petite-fille d'Hippolyte, a épousé, au mois d'avril 1817, César-Honoré, comte *de la Roche-Fontenilles,* colonel de la légion de la Haute-Garonne et chevalier de l'ordre de Saint-Louis. Cette famille a pour armes : *écartelé aux 1. et 4 d'azur, à trois molettes d'éperon d'argent, au chef d'or; aux 2 et 3, coupés, émanchés d'or et d'azur : sur le tout d'azur, à la gerbe d'or, surmontée de deux étoiles du même.*

VII.

Une autre, établie dans la Marche, a pour armes : *de sable, semé de billettes d'or; au lion du même, armé et lampassé de gueules, brochant sur le tout.*

VIII.

Une autre, en Limosin, a pour armes : *d'azur, à deux lions affrontés d'or; au chef cousu de gueules.* Celle-ci a pour auteur Jean de Jullien, conseiller du roi, trésorier de France et général de ses finances en la généralité de Limoges, qui, en prenant cette qualité, signa, le dernier jour de décembre 1579, une quittance de 927 écus deux tiers qui lui avaient été comptés par Mathurin de Maledent, receveur-général des finances en la même généralité, pour appointements des charges dont il était revêtu. (*Titre original*, revêtu de la signature de Jean de Jullien, qui y a fait précéder son nom *Jullien* de la particule *de*, et existant entre les mains de M. de Courcelles.)

L'un des descendants de Jean de Jullien, Jacques de Jullien, écuyer, sieur du Menieux, a fait registrer ses armoiries à l'*Armorial général de France,* registre de Limoges, page 51.

Jean de Jullien, mentionné au tome V, page 584, de la collection des *Ordonnances des rois de France*, qui vivait à Limoges en 1350, appartenait à cette famille. (1.)

IX.

Une autre existait en Auvergne, et avait pour auteur Pierre Jullien, du diocèse de Saint-Flour, anobli en l'année 1370. Ce Pierre Jullien et Guillaume Jullien, son frère, possédaient, en 1346, la sixième partie du mas de Roylhier dans les montagnes d'Auvergne, tenue en fief franc, noble et honoré. (*Registre 453*, page 91, *des Aveux*, existant aux archives du royaume; *Noms féodaux*, par M. l'abbé de Bettencourt, ancien bénédictin, 1re partie, tome I, page 544.)

Étienne Jullien et Rosette, sa sœur, femme de Pierre *Ulta*, enfants d'Étienne Jullien, possédaient à Ganuat, en 1377, diverses parties de dimes, d'immeubles et de cens et rentes. (*Ibidem*, registre 458, p. 271.)

Enfin Pierre Jullien possédait, en 1457, un pré nommé le pré Regnaud, en la châtellenie de Sury-Comtat, en Forez. (*Ibidem*, registre 1402, p. 1274.)

On ignore si c'est à cette famille qu'appartient l'un ou l'autre des deux écussons mentionnés dans l'*Armorial* de Dubuisson, tom. I", p. 194, le premier : *d'azur, à une fasce d'argent, chargée de trois croisettes d'azur en fasce, et accompagnée en chef de deux besants d'or, et en pointe d'une gerbe de blé d'argent;* et le second : *d'azur, au sautoir d'or, accompagné en chef d'un croissant, en flancs de deux étoiles, et en pointe d'un cœur enflammé, le tout d'argent.*

X.

Enfin une famille Jullien, existante dans le Lyonnais, a pour armes : *d'azur, à la fasce d'or, accompagnée en chef de deux étoiles d'argent, et en pointe d'un croissant aussi d'argent*, et pour devise : *Spes mea in domino.*

---

(1) La collection des *Ordonnances des rois de France* rappelle aussi, tome VIII, pages 29 et 50, et tome IX, pages 230 et 564, trois autres personnages du nom de *Jullien* : le premier, Jean Jullien, vivant à Agde en 1395; le second, autre Jean Jullien, habitant à Marmande en 1406; et le troisième, Raimond Jullien, cousul de Brousse, en Languedoc, qui vivait en 1410 : on ignore à quelle famille ils ont appartenu.

Il en est de même, 1° de Jean Jullien, qui servait en qualité d'archer dans la compagnie commandée par le comté de Castres et formant la garnison de Perpignan, dout la revue a eu lieu en cette ville le 23 octobre 1487;

2°.- de Zamet Jullien qui était au nombre des 46 hommes d'armes commandés par le maréchal de Chabannes, dont la revue a été passée à Villefranche de Rouergue, le 11 août 1525;

3°. de N.... Jullien de Meuse, qui était gouverneur de Roquemaure, en Dauphiné, en 1727 et 1756.

Son premier auteur connu est Étienne Jullien, lieutenant de la ville de Maclas, près Condrieu, en Lyonnais, et secrétaire ordinaire du roi, qui vivait en 1610, et qui épousa Claude *Gaillard*, de laquelle il eut deux fils et cinq filles :

1°. François, qui suit;
2°. Henri Jullien;
3°. Anne Jullien;
4°. Marguerite Jullien;
5°. Flore Jullien;
6°. Catherine Jullien;
7°. Antoinette Jullien.

François Jullien, écuyer, fut conseiller du duc du Maine et son premier secrétaire en son parlement de Dombes. Il épousa, en 1656, Marie *Chalandier*, fille de Claude Chalandier, conseiller du roi et son lieutenant en la justice de Condrieu, et de Perrette *de Serre*, de la ville d'Annonay. Il en eut les quatre enfants suivants :

1°. Claude-François, dont on va parler;
2°. Julien-Antoine Jullien;
3°. Joseph Jullien de Chaiseneuve, qui servit dans une compagnie de gentilshommes, commandée par le marquis de Refuge en 1692;
4°. N.... Jullien, docteur en théologie et prieur-curé de Vanosc, en Vivarais.

Claude-François Jullien, sieur du Vivier, écuyer, lieutenant-général au bailliage de Bourg-Argental, en Forez, épousa, le 2 mai 1693, Marie *le Gendre*, sœur d'Antoine-François le Gendre, seigneur de la Raucalière, prieur de Saint-Didier de Langres, et chanoine de l'église de Saint-Just de Lyon, et fille de Bénigne-Philippe le Gendre, fermier-général du roi, en Savoie, et de Marie *de la Barre*. Il en a eu sept enfants :

1°. Marc-Antoine Jullien de Chaiseneuve, né en 1696, et qui, après avoir servi pendant quelques années en qualité d'officier dans le régiment de M. de la Tour-du-Pin, embrassa l'état ecclésiastique, et devint prieur-curé de Vanosc;
2°. Jean-Marie, qui suit;
3°. Dorothée Jullien,
4°. N.... Jullien de Baudran, } mortes sans alliances;
5°. N.... Jullien de Chambertiny,
6°. Susanne Jullien, mariée avec N.... *de Senoves*;
7°. Anne-Éléonore Jullien, mariée avec N.... *Poupon de l'Étang*.

Jean-Marie Jullien, écuyer, seigneur du Vivier, né en 1710, fut lieutenant-général du bailliage de Bourg-Argental, et épousa, le 10 janvier 1740, Catherine-Françoise *Bodin*, fille de N.... Bodin, lieutenant-général en la sénéchaussée de Lyon, et de Jeanne-Thérèse *le Valleton*. Il est mort en 1790, et sa femme lui a survécu jusqu'en 1797. Il a laissé quatre enfants :

1°. Antoine Jullien du Vivier, écuyer, né à Lyon, le 11 juin 1749, marié, en 1783, avec N.... de Clavière, et mort sans enfants le 22 février 1810;

2°. François-Marie Jullien de Chamberliny, né à Lyon, le 13 août 1755, mort officier-général à Montpellier, le 24 mai 1803, de la suite des blessures qu'il avait reçues à la guerre. Il avait épousé, à Nantes, en 1795, N.... de Croix, dont il n'a eu qu'une fille :

Fanni Jullien, née en 1800;

3°. Philippe-Charles-Antoine-Marie Jullien, dont on va parler;

4°. Madelaine-Alphonsine Jullien de la Cuiserie, née en 1752, mariée, le 11 août 1772, avec Louis, comte du Pelouz de Saint-Romain, seigneur de Saint-Romain, la Terrasse, Malpioton et autres lieux, issu d'une des familles les plus recommandables du Dauphiné.

Philippe-Charles-Antoine-Marie Jullien, chevalier de Belzim, né à Lyon, le 2 juillet 1761, entra dans le corps royal de la marine à Rochefort, au commencement de l'année 1777, et devint par la suite capitaine des vaisseaux du roi en 1792, et chevalier de l'ordre royal et militaire de Saint-Louis en 1814. Il se maria, à l'île de France, au mois d'août 1788, avec N... Cauvet du Rove, fille de Joseph-Marie Cauvet, baron du Rove, créé comte palatin par le pape Benoît XIV, le 3 août 1752, lieutenant-colonel et chevalier de Saint-Louis, commandant un quartier en l'île de France, et de N..... Perrot, dont le frère, aussi chevalier de Saint-Louis, a commandé le port Louis en la même île. Il a eu de ce mariage onze enfants, tous nés à l'île de France, et dont quatre seulement existent, savoir :

1°. Jules-François-Antoine Jullien de Belzim, né le 17 mars 1794, nommé, en 1822, officier d'administration de la marine à Nantes;

2°. Édouard-Jacques-César Jullien de Belzim, né le 29 mai 1796;

3°. Théophile-Frédéric-François Jullien de Belzim de Chamberliny, né le 17 janvier 1809;

4°. Marie-Louise-Céleste Jullien de Belzim, née le 16 octobre 1811.

NOTICE

Sur les ancêtres maternels de Marie-Madelaine Gorrant, mariée avec Pierre-Nicolas Jullien, nommé au XVIe degré de la généalogie de la famille Jullien, dans la branche des seigneurs de Halopin et des Masures, et mère de M. Jullien de Courcelles.

Catherine DE LOYNES, mère de Marie-Madelaine Gorrant, était fille de Pierre de Loynes, IIe du nom, et de Marie-Anne GUINEBAUD, dont le contrat de mariage a été reçu par de Beausse, notaire à Orléans, le 19 avril 1682. Elle était née le 9 mai 1684; époque à laquelle Nicolas de Loynes, l'un de ses parents, était maire d'Orléans.

Pierre de Loynes, son père, né le 18 septembre 1652, était fils de Pierre de Loynes, Ier du nom, et d'Anne ROUCELLET, mariés par contrat passé devant Colas, notaire à Orléans, le 4 février 1646, et renfermant les généalogies des deux époux.

Pierre de Loynes, Ier du nom, était fils de Gentien de Loynes, IIIe du nom, issu d'Antoine de Loynes, fils de Gentien de Loynes, IIe du nom, écuyer, sieur de la Royaulté, et maire d'Orléans en 1597, lequel était fils de Claude de Loynes, Ier du nom, et de Marie COMPAING.

Marie Compaing, qui, comme Madelaine Compaing, sa sœur, mariée à Jacques ALÉAUME, et dont on parlera ci-après, était fille de Jean Compaing, et de Guillemette DE LA SAUSSAYE; lequel Jean Compaing était fils de noble Pierre Compaing, écuyer du roi, et de Marie LHUILLIER.

Ce Pierre Compaing était fils de Jacques Compaing et de Marie DE MAREAU, lequel Jacques Compaing descendait de Guillaume Compaing, Ier du nom, et de Catherine BOILLÈVE, sa femme, dame de Cornay.

C'est à ce Guillaume Compaing, Ier du nom, que le roi Charles VII, par une charte datée du mois de février 1429, et en considération des services éminents qu'il avait rendus à la couronne pendant le siège d'Orléans, que Jeanne d'Arc venait de faire lever, accorda la noblesse, tant pour lui que pour ses descendants, *en ligne tant masculine que féminine*, en l'autorisant à accompa-

DE LOYNES : coupé, au 1 de gueules, à la fasce gironnée d'or et d'azur de six pièces, accompagnée de 2 vivres d'argent; au 2 d'azur, à 7 besants d'or, posés 4 et 3.

ROUCELLET : d'argent, à 3 haches d'armes de sable.

COMPAING : d'azur, au rencontre de cerf d'or, surmonté d'une tête de léopard du même; à la fleur de lys aussi d'or en chef.

ALÉAUME : d'azur, à 3 coqs d'or, crêtés, armés et membrés de gueules.

DE LA SAUSSAYE : d'argent, au chevron de gueules, accompagné en chef de 3 saules arrachés et rangés de sinople, et en pointe d'un porc-épic de sable.

LHUILLIER : d'azur, à 3 coquilles d'or.

DE MAREAU : de sinople, à 3 trèfles d'or.

BOILLÈVE : d'azur, à 3 flanchis d'or.

D'ARC : d'azur, à 3 chiens passants d'argent, avec une fleur de lys en chef du même.

gner ses armes en chef d'une fleur de lys d'or, distinction pareille
à celle que ce monarque a donnée à Jeanne d'Arc et à sa famille.

Voici le texte de cette charte, tel qu'il est rapporté par de la
Roque, en son *Traité de la Noblesse*, au chapitre intitulé *de la noblesse de Compaing* :

« Volentes favorum prerogativis prosequi, quæ sibi posteritati-
» que suæ perpetuò cedere valeant ad honoris incitamentum, ipsum
» Guillelhmum COMPAING ac omnem ipsius posteritatem et prolem
» utriusque sexûs, in et de matrimonio et matrimoniis legitimè
» natam seu procreatam et in posterum procreandam, de plenitu-
» dine regiæ potestatis et de gratia speciali nobilitamus nobilesque
» facimus : eisdem præterea concedentes ut tàm ipse quàm ejus
» prædicta posteritas integrè nobilitatis privilegio, juribus, privi-
» legiis, franchisiis et libertatibus in actibus judiciariis, sæculari-
» bus et cæteris quibuscumque, liberè in anteà perfruantur, et ab
» omnibus tanquam nobiles re et nomine uti libet habeantur. »

Le Maire, en ses *Antiquités de la ville d'Orléans*, au chapitre des
nobles, rappelle cette charte et l'anoblissement qui en est résulté
pour la postérité de Guillaume Compaing, dans l'un comme dans
l'autre sexe, et ajoute que sa race s'est conservée, sous le nom
COMPAING, jusqu'à Madelaine Compaing, femme de Jacques
Aleaume.

Blanche Compaing, fille de Guillaume, a été, en 1462, une des
demoiselles d'honneur de Marie d'Anjou, reine de France, femme
de Charles VII. (Manuscrit intitulé : *État des maisons des reines et
princes*, à la Bibliothèque du Roi, page 347.)

Blanchard, dans son *Catalogue du parlement de Paris*, parle de
trois conseillers de ce nom : le premier est Guillaume Compaing,
IIᵉ du nom, archidiacre en l'église d'Orléans, puis doyen de cette
église, reçu conseiller au parlement le 10 mai 1454 (1) ; le second,

---

(1) Ce Guillaume Compaing fut nommé par Louis XI, en 1466, conjointement avec Georges de la Trémoille, sire de Craon et gouverneur de Touraine,
et avec Jean, sire de Rochechouart, ambassadeur auprès de Philippe le Bon, duc
de Bourgogne, et du comte de Charolais, son fils, pour se plaindre des méfian-
ces que ce dernier prince avait conçues contre Louis XI. (*Hist. des ducs de Bourgogne*, par M. de Barante, t. VIII, p. 569.)

Louis XI nomma de nouveau Guillaume Compaing, par lettres du dernier

Guillaume Compaing, III° du nom, reçu le 22 décembre 1478; le troisième, Girard Compaing, reçu le 17 août 1489, et qui avait été précédemment garde de la prévôté d'Orléans en 1460.

Anne Roucellet, femme de Pierre de Loynes, I⁰ʳ du nom, était fille de Jacques Roucellet et de Françoise Mariette, lequel Jacques Roucellet était fils de Denis Roucellet et de Françoise Salomon. Denis Roucellet était issu de Guillaume Roucellet, maire d'Orléans en 1607, et de Simone de Muzaines, et Guillaume Roucellet était fils de Jean Roucellet, seigneur des Essarts, et de Catherine de Villebresme, parente de Jeanne d'Arc. (*Armorial général de France*, t. VI, au mot ROBERT.)

Le même Jacques Roucellet, mari de Françoise Mariette, qu'il épousa par contrat passé devant Coutault, notaire à Orléans, le 29 janvier 1615, et renfermant leurs généalogies, avait pour frère Jean Roucellet, seigneur de Puchesse, marié avec Marie Boyetet; et Françoise Mariette avait pour frère Jacques Mariette, qui a épousé Marie Cardinet, fille de Claude Cardinet, seigneur de Poinville, maire d'Orléans en 1630, et pour sœur Étiennette Mariette, mariée, en 1619, avec Alexandre Jullien, II° du nom, seigneur de Villiers, porté au XIII° degré dans la branche des *seigneurs de Villiers*, page 55.

Cette même Françoise Mariette était fille de Robert Mariette, II° du nom, et de Françoise Amanjon; lequel Robert Mariette était fils de Robert Mariette, I⁰ʳ du nom, et de Radegonde Mailliet. Robert Mariette était fils de Guillaume Mariette et de Marie Beignet.

Françoise Amanjon avait pour frère Jacques Amanjon, marié avec Renée Sain, dont il a eu pour filles 1° Anne Amanjon, mariée, le 25 novembre 1573, avec Hervé Lamirault, écuyer, sieur de Langloischère, du Bouchet, du Marchais-Lambert et de Plissay, trésorier de France à Orléans en 1587. (*Armorial général de Fran-*

ROUCELLET : comme à la page 75.

MARIETTE : d'or, au chevron d'azur, accompagné de 3 grenades de sinople.

SALOMON : d'azur, à deux lions affrontés d'or.

DE VILLEBRESME : d'argent, au dragon ailé de gueules.

BOYETET : d'azur, au chevron d'or, accompagné en chef de 3 étoiles du même posées 1 et 2, et en pointe d'une cassolette, aussi d'or, fumante au naturel.

CARDINET : d'argent, à l'orme de sinople, accosté de 2 mouchetures d'hermine de sable.

JULLIEN : comme à la page 5.

AMANJON : d'argent, à la bande de gueules, chargée d'une étoile d'or.

SAIN : d'azur, à la fasce d'argent, chargée d'une tête de maure au naturel, tortillée d'argent, et accompagnée de 3 coquilles d'or.

LAMIRAULT : d'or, à une rose de gueules; au chef du même.

---

jour de février 1473, et du 19 février 1475 (*v. st.*), à deux ambassades successives auprès de Charles le Téméraire, duc de Bourgogne, pour traiter de la paix avec lui. Guillaume Compaing eut pour adjoints, dans la première ambassade, Guillaume de Paris et Nicole Bataille, et dans la seconde, le même Guillaume de Paris, et Ythier de Puygirault. (*Hist. de Bourgogne*, par D. Plancher, t. IV, *Preuves*, pp. 521 et 557.)

ce, t. VII, au mot LAMIRAULT) ; 2° Marie Amanjon, qui a épousé Gilles Colas, écuyer, seigneur de Senneville, fils de François Colas, II° du nom, seigneur des Francs, de Poinville, de la Borde, de Malmusse, de Jouy, de Senneville et autres lieux, conseiller en la cour des aides de Paris, et maître des requêtes ordinaire de l'hôtel du roi ; lequel Gilles Colas était oncle de François Colas, III° du nom, seigneur de Jouy, qui a épousé Anne Le Semellier, fille de Robert le Semellier et de Jeanne Amanjon. (Généalogie de la famille Colas, insérée au t. II de l'*Histoire généalogique des Pairs de France*, etc., pp. 8 et 9.)

Colas : d'or, au chêne de sinople ; au sanglier de sable, passant sur une terrasse du même.

La même Françoise Amanjon était fille de Guillaume Amanjon et de Jeanne Aléaume, dont la sœur, Madelaine Aléaume, a épousé Olivier de la Saussaye, neveu de Jean de Morvilliers, évêque d'Orléans en 1552, et garde-des-sceaux de France en 1568, lequel assista au concile de Trente, où l'on admira également son esprit et son zèle. (*Dictionnaire historique*, imprimé en 1783, t. VI, p. 258.)

Aléaume : comme à la page 75.
De la Saussaye : comme à la page 75.
De Morvilliers : d'or, à 3 merlettes de sable ; à la bordure engrêlée de gueules.

Cette Jeanne Aléaume était fille de Jacques Aléaume, II° du nom, et de Madelaine Compaing, dont la filiation est établie plus haut.

Compaing : comme à la page 75.

Jacques Aléaume, II° du nom, et Madelaine Compaing, sa femme, firent bâtir, à leurs dépens, de 1570 à 1575, l'église des Dominicains d'Orléans, qui avait été détruite dans les guerres de religion en 1567 ; et le pape Pie V, (canonisé en 1712), leur adressa, à cette occasion, un bref de félicitation, daté du 18 juin 1571. (*Essais historiques sur Orléans*, par Beauvais de Préau, p. 125.)

Le même Jacques Aléaume, II° du nom, était fils de Jacques Aléaume, I° du nom, sieur de Sainville, et de Marie Rouillard, appartenant à une ancienne famille, dont sont aussi descendus Antoine Rouillard, maître des requêtes, et Louis Rouillard, qui ont été gardes de la prévôté d'Orléans, le premier en 1473, et le second en 1500.

Rouillard : de gueules, à la fasce d'or, accompagnée de 3 étriers couronnés du même.

Ce même Jacques Aléaume, II° du nom, a eu deux fils, frères de Jeanne, savoir : Noël Aléaume, de qui est issu Jacques Aléaume, III° du nom, maire d'Orléans en 1624, et Jean Aléaume, I° du nom, sieur de Sainville, qui a épousé Avoie Mariette, et a eu pour enfants, 1° Jean Aléaume, II° du nom, marié avec Christine Gorrant, sœur de Pierre Gorrant, II° du nom, l'un des aïeux

Mariette : comme à la page 77.
Gorrant : d'argent, à 3 pins mal ordonnés de sinople, le premier soutenu par une foi de carnation mouvante de 2 nues aux flancs de l'écu.

paternels de Marie-Madelaine Gorrant, épouse de Pierre-Nicolas Jullien ; 2° Françoise Aléaume, mariée à Jean BASLY, conseiller au grand-conseil, et père de Françoise Basly, mariée avec Charles BOYETET, sieur de Mérouville, Iᵉʳ du nom.

Ce Charles Boyetet, Iᵉʳ du nom, a eu pour enfants Charles Boyetet, IIᵉ du nom, secrétaire du roi, marié avec Marie BRACHET, et Françoise Boyetet, mariée avec Antoine FONTAINE, sieur des Montées et des Bordes, aussi secrétaire du roi, père 1° de Charles Fontaine des Montées, comte de Préméry, d'abord conseiller-clerc au parlement de Paris, puis évêque de Nevers ; 2° d'Espérance Fontaine, mariée avec Charles-Hubert, marquis DE MESGRIGNY ; 3° de Marie-Anne Fontaine, mariée avec Étienne D'ALIGRE, président à mortier au parlement de Paris ; 4° d'Anne Fontaine, mariée avec Jean MASSON, lequel a eu pour fils Antoine Masson, secrétaire du roi, père d'Antoine-Lambert Masson, seigneur de Meslay, président de la chambre des comptes de Paris, qui a eu pour fille Anne-Albertine-Antoinette Masson de Meslay, mariée, en 1763, avec Charles-Louis-François-de-Paule DE BARENTIN, ancien premier président de la cour des aides de Paris, garde-des-sceaux de France et chancelier de l'ordre du Saint-Esprit, lequel a eu pour fille Marie-Charlotte-Antoinette de Barentin, épouse de messire Charles-Henri DAMBRAY, chevalier, chancelier de France et de l'ordre du Saint-Esprit, et président de la chambre des Pairs.

Jacques Aléaume, Iᵉʳ du nom, était fils de Ferri Aléaume, sieur de la Grange aux Noiers et de Sainville, en Beauce, et de Perrine CHARTIER, sœur de Julien Chartier, nommé aux XIIᵉ et XIVᵉ degrés de la généalogie de la famille Jullien, page 54 ; lequel Ferri Aléaume a eu pour frère Nicolas Aléaume, qui servait en qualité d'archer dans la compagnie de 20 hommes d'armes et 35 archers des ordonnances du roi, dont il a été fait revue, le 16 octobre 1482, par Louis de Courcelles, lieutenant de cette compagnie, et étant sous les ordres de N... de Saint-Pierre, grand-sénéchal de Normandie (1).

Julien et Perrine Chartier étaient issus du mariage de Michel Chartier, Iᵉʳ du nom, écuyer, seigneur d'Alainville, et de Catherine PASTÉ, nièce de Jean Pasté, d'abord évêque d'Arras et ensuite évêque de Chartres.

_____

(1) *Rôle original*, aux archives de la famille.

BASLY : d'or, au sanglier de sable ; au chef de gueules, chargé de 3 roses d'argent.

BOYETET : comme à la page 77.

BRACHET : d'azur, au chien braque assis d'argent.

FONTAINE : d'or, au rencontre de cerf de sable.

DE MESGRIGNY : d'argent, au lion de sable.

D'ALIGRE : burelé d'or et d'azur ; au chef du second émail, chargé de 3 soleils du premier.

MASSON : d'azur, au chevron accompagné en chef de 3 étoiles mal ordonnées, et en pointe d'un lion, le tout d'or.

DE BARENTIN : d'azur, à 3 fasces : la première d'or, et les deux autres ondées d'argent, surmontées de 3 étoiles d'or en chef.

DAMBRAY : d'azur, à 3 tours d'argent ; au lionceau d'or en abîme.

CHARTIER : d'azur, à 2 perdrix d'argent, perchées sur un tronc d'arbre au naturel, au-dessus duquel est un rameau d'olivier de sinople.

PASTÉ : d'azur, à 3 gerbes de blé d'or.

Ils ont eu pour frères :

1°. Michel Chartier, II° du nom, écuyer, docteur en droit, nommé, le 9 juillet 1482, principal du collége de Boissy à Paris (1), à six bourses duquel la famille Chartier, comme fondatrice de ce collége, et ses descendants à perpétuité ont droit de nommer (2);

2°. Simon Chartier, II° du nom, écuyer, marié avec Françoise JAYER, et père de Mathieu Chartier, I° du nom, écuyer, marié avec Jeanne BRINON, lequel a eu pour sœur Jeanne Chartier, qui, en 1555, était dame du palais de Catherine de Médicis, épouse du roi Henri II, (Manuscrit ayant pour titre : *État des maisons des reines et princes*, p. 380), et pour enfants, Geneviève Chartier, mariée, en 1551, à François DE MONTHOLON, garde-des-sceaux de France, et Mathieu Chartier, II° du nom, marié, en 1543, avec Marie DE MONTHOLON, sœur de François, et doyen des conseillers au parlement de Paris, lequel a eu pour fils Mathieu Chartier, III° du nom, maître des requêtes et solliciteur-général des affaires de Louise de Lorraine, reine de France, et femme de Henri III en 1581, (même Manuscrit, p. 408), et pour fille Marie Chartier, mariée en premières noces, avec Christophe BOUGUIER, conseiller au même parlement, de qui est issue Marie Bouguier, mariée avec Jean, marquis DE MESGRIGNY, père de Jacques de Mesgrigny, président à mortier au parlement de Rouen, qui a épousé Éléonore DE ROCHECHOUART, marquise de Bonnivet.

La même Marie Chartier s'est mariée en secondes noces, le 28 novembre 1581, avec Édouard MOLÉ, écuyer, seigneur de Champlâtreux, fils de Nicolas Molé, président à mortier au parlement de Paris, lequel Édouard Molé a eu pour fils Mathieu Molé, d'abord premier président au même parlement, ensuite garde-des-

JAYER : d'or, à 2 fasces de gueules, accompagnées de six merlettes de sable, posées 3, 2 et 1.

BRINON : d'azur, au chevron d'or, au chef denché du même.

DE MONTHOLON : d'azur, au mouton d'or, surmonté de 3 quintefeuilles d'argent.

BOUGUIER : de gueules, au lion d'or.

DE MESGRIGNY : comme à la page 79.

DE ROCHECHOUART : fascé, ondé d'argent et de gueules de six pièces.

MOLÉ : écartelé, aux 1 et 4 de gueules, au chevron d'or, accompagné en chef de 2 étoiles du même, et d'un croissant d'argent en pointe, qui est *de Molé*; aux 2 et 3 d'argent, au lion de sable, qui est *de Mesgrigny*.

_____

(1) Le collége de Boissy a été réuni à celui de Louis le Grand par ordonnance de Louis XV, du 21 novembre 1763.

(2) Augustin de Loynes, fils de François-Georges de Loynes, issu de Georges de Loynes, frère de Catherine de Loynes, citée plus-haut, page 75, comme descendant de la famille Chartier, a été nommé à une de ces bourses dans le collége de Louis le Grand, le 7 septembre 1784, par le chancelier de l'université de Paris, et le prieur du couvent des Chartreux de la même ville, auxquels la nomination à ces mêmes bourses était déférée par les statuts du collége de Boissy.

sceaux de France, et marié avec Renée DE NICOLAÏ. C'est ce même Mathieu Molé, qu'André du Chesne, éditeur des œuvres d'Alain Chartier, II° du nom, dans son épître dédicatoire de ces œuvres, félicitait de la distinction qui résultait pour lui de son extraction de la famille Chartier (1), et dont le petit-fils, Jean Molé, II° du nom, conseiller au parlement de Paris, a épousé Élisabeth DE LOYNES, descendante de Claude de Loynes et de Marie Compaing, dont on a parlé plus haut, page 75.

Michel Chartier et Catherine Pasté ont eu pour fille Marie Chartier, mariée avec Jacques GUILLAUREAU, seigneur de la Perrière.

Michel Chartier est décédé en 1483, et Catherine Pasté, sa femme, en 1504.

Il était fils de Simon Chartier, I° du nom, écuyer, issu du mariage de Guillaume Chartier, I° du nom, écuyer, et d'Agnès ......; lequel Guillaume Chartier a eu pour fils, outre ce même Simon Chartier, 1° Alain Chartier, II° du nom, dont on vient de parler; 2° Jean Chartier, chantre de l'église de Saint-Denis, et auteur de l'*Histoire de Charles VII*, et des *Chroniques de France*, vulgairement appelées *Chroniques de Saint-Denis*; 3° Guillaume Chartier, II° du nom, nommé par Charles VII, en 1432, professeur en droit à Poitiers, puis chanoine de l'église de Paris, et conseiller au parlement de la même ville, enfin, en 1447, évêque de Paris. Ce Guillaume Chartier fut un des commissaires nommés pour la révision du procès de Jeanne d'Arc et pour la réhabilitation de sa mémoire. (*Dictionnaire historique*, imprimé en 1783, t. II, p. 586.)

Guillaume Chartier, I° du nom, était fils de Jean Chartier, II° du nom, écuyer, qui vivait en 1330 et 1350.

Ce Jean Chartier était fils de Jean Chartier, I° du nom, écuyer,

---

(1) Cet Alain Chartier, né en 1386, est mort en 1458; il fut secrétaire des rois Charles VI et VII, et auteur de plusieurs ouvrages.

Pour donner une preuve du degré d'estime dont il avait joui dans son siècle, Étienne Pasquier, dans ses *Recherches sur la France*, rapporte que, se trouvant un jour endormi sur une chaise, Marguerite d'Écosse, épouse du dauphin de France, depuis Louis XI, s'approcha de lui et lui donna un baiser sur la bouche. Les seigneurs et dames de la suite de cette princesse marquant leur étonnement de cette action, elle leur dit qu'elle ne baisait pas la personne, mais la bouche dont étaient sortis tant de beaux discours. (*Biographie universelle*, t. VIII, p. 252.)

fils de Robert Chartier et de Jacqueline DE SAINT-ARNOULD, duquel Robert Chartier, ainsi que de Jean Chartier, son fils, il est fait mention en l'ancien cartulaire de l'église de Chartres, dans des actes de l'an 1290.

LE MAIRE : écartelé, aux 1 et 4 d'argent, à la croix potencée d'or, cantonnée de 4 croisettes du même; aux 2 et 3 de sinople, à l'écusson d'or, chargé d'un écu de gueules, surchargé d'une feuille de chêne d'argent, en pal.

Robert Chartier était issu du mariage d'Alain Chartier, Ier du nom, écuyer, et de Tiphaine LE MAIRE, l'une des filles d'Eudes, châtelain d'Étampes, maire (1) et ensuite seigneur de Chalo-Saint-Mard (autrement Saint-Médard), près Étampes, et chambellan de Philippe Ier, roi de France, arrière-petit-fils de Hugues Capet.

Tous les historiens (2) rapportent que Philippe Ier, ayant fait vœu d'aller à la terre sainte tout armé, en fut détourné par les prélats et seigneurs du royaume; qu'Eudes le Maire entreprit, à la fin du XIe siècle, ce voyage à la place du roi; qu'il le fit à pied et armé de toutes pièces, et qu'il visita ainsi le tombeau de Jésus-Christ à Jérusalem, où il reçut le collier et la croix de chevalier du Saint-Sépulcre.

Philippe Ier, par une charte datée de mars 1085, se déclara baillistre et garde-noble des cinq filles d'Eudes le Maire, (Tiphaine, depuis mariée à Alain Chartier, et première aïeule maternelle connue de Marie-Madelaine Gorrant, mère de M. de Courcelles,

---

(1) C'est de l'exercice de cette charge qu'Eudes et ses descendants ont tiré le nom de le Maire.

(2) Étienne Pasquier, en ses Recherches sur la France, t. Ier, p. 543;

Basile Fleureau, dans ses Antiquités de la ville et duché d'Étampes, pp. 77 et suivantes;

André Favyn, dans son Histoire de Navarre, liv. XVIII, pp. 1143 et suivantes;

Guillaume Dupeyrat, en son Histoire ecclésiastique de la cour de France, liv. II, chapitre 34, art. IVe;

Scévole de Sainte-Marthe, en son Histoire généalogique de la maison de France, t. Ier, p. 515;

Le P. Anselme, en son Histoire des Grands-Officiers de la Couronne, au chapitre des Grands-chambellans;

Pierre Bardin, en son Traité du grand-chambellan;

Loisel, dans ses Opuscules, p. 56;

Le P. Labbe, en sa Bibliothèque historique, t. Ier, p. 655;

Dom Bernard de Montfaucon, en ses Monuments de la monarchie française, t. II, p. 216;

Moréri, en son Dictionnaire, au mot Maire;

Et les auteurs de la Bibliothèque historique de l'ordre royal du Saint-Sépulcre de Jérusalem, éditions de 1776 et de 1815.

était l'une d'elles), et leur accorda de grands privilèges, dont le plus remarquable était d'anoblir leurs maris, privilège que ce prince étendit aux filles qui naîtraient d'elles, à quelque degré que ce fût.

Voici le texte de cette charte, tel qu'il est rapporté par André Favyn, *Histoire de Navarre*, liv. XVIII, p. 1144 :

« Notum fieri volumus tam præsentibus quam futuris, quod » ODO MAJOR DE CHALO, nutu divino, concessu Philippi, Franciæ » regis, ad sepulchrum Domini perrexit : qui Ansoldum filium » suum et quinque filias suas in manu et custodiâ recepit et reti- » nuit; concessit quoque Ansoldo et quinque præfatis sororibus » suis, Odonis filiabus, pro Dei amore, solâ charitatis gratiâ, et » sancti sepulchri reverentiâ, quod, si hæredes masculi ex ipsis » exeuntes feminas jugo servitutis regis detentas matrimonio duxe- » rint, liberabat et à vinculo servitutis absolvebat. Si verò servi » regis feminas de genere hæredum Odonis maritali lege ducerent, » ipsæ cum hæredibus suis non essent à modo de servitute regis. » Præterea hæredibus Odonis et eorum hæredibus marchiam suam » de Chalo et homines suos custodiendos in feudo concessit, ità » quod pro nullo famulorum regis, nisi pro solo rege, justitiam fa- » cerent, et quod in totâ terrâ regis nullam præstarent consuetu- » dinem (1).

» Adstantibus de pallatio ejus, quorum nomina et signa sunt » substitulata : »

Signum Hugonis dapiferi (2);

Signum Gastonis de Pistiacho cubicularii (3);

Signum Pagani de Aureliis buticularii (4);

Signum Guidonis fratris Galerani (5).

Le P. Anselme, en son *Histoire des Grands-Officiers de la Cou- ronne*, rappelle de même cette charte; et Dom Bernard de Mont-

---

(1) Coutume, ou tribut qui se levait alors.

(2) Hugues, sénéchal. Quelques historiens ont cru que ce sénéchal était Hu- gues, surnommé le Grand, comte de Vermandois, troisième fils du roi Henri Ier : mais cette opinion est peu probable. (*Hist. des Grands-Officiers de la Couron- ne*, t. VI, p. 29, où Hugues est cité comme souscripteur de la charte dont il s'agit.)

(3) Gaston de Poissy, grand-chambellan.

(4) Payen d'Orléans, bouteiller.

(5) Gui, frère de Waleran, chambrier.

faucon, dans ses *Monuments de la monarchie française*, en rapportant l'histoire d'Eudes le Maire et de la charte qui lui a été octroyée, joint à sa narration une planche gravée qui en représente le sujet, et qu'il a fait tirer, dit-il, d'après un tableau peint sur bois, qui lui a paru être fait sous le règne de François Ier, et qu'André Favyn avait précédemment annoncé avoir vu dans le cabinet du roi au Louvre. Philippe Ier est représenté dans ce tableau assis sur son trône, tenant d'une main son sceptre et de l'autre une charte, scellée, qu'il donne à Eudes le Maire, incliné devant lui, armé de toutes pièces et ceint d'une longue épée.

Eudes le Maire avait pour armes, d'après Favyn, qui fait une légère transposition dans les émaux : *de gueules, bordé d'or, et, en cœur, un écu d'argent à une feuille de chêne de sinople*. Philippe Ier lui accorda, tant pour lui que pour tous ses descendants, dans l'un comme dans l'autre sexe, le droit d'écarteler ses armoiries de celles de Jérusalem : *d'argent, à la croix potencée d'or, cantonnée de quatre croisettes du même.*

Dans le tableau dont il vient d'être parlé, Eudes le Maire a au-dessus de lui son écu, ainsi écartelé. Derrière lui est sa femme en habit de cour, tenant par la main Ansolde, son fils, (mort depuis 1085 sans postérité), et suivie de ses cinq filles ; au-dessous d'elles, est un écu de sinople, *au serpent entortillé d'or, surmonté d'une fleur de lys d'or couronnée*. Montfaucon présume que cet écu est celui de la femme d'Eudes le Maire.

Les priviléges accordés par Philippe Ier à Eudes le Maire et ses descendants, ont été rappelés, sous le règne de Philippe le Bel, sur les registres de la chambre des comptes de Paris, où il est dit qu'ils s'étendent à toute sa postérité *in infinitum*, en quelque branche que ce soit, fils ou filles. Le roi Jean les a confirmés par lettres-patentes datées de 1350, et portées au registre de la chambre des comptes, qui annoncent qu'André, abbé de Saint-Magloire, Asselin, abbé de Saint-Victor, et Thibaut, abbé de Sainte-Geneviève, avaient attesté avoir vu, en original, la charte de Philippe Ier.

Louis XI les a confirmés de même, en 1462, en faveur des descendants d'Eudes le Maire, en ligne tant masculine que féminine.

D'après une relation des obsèques d'Anne de Bretagne, reine de France, épouse de Louis XII, qui eurent lieu en 1514, les descendants d'Eudes le Maire étaient en possession de garder et de veiller les corps des princes défunts, et ils usèrent de ce droit, lorsque le corps de cette princesse passa à Étampes pour être transporté à Saint-Denis.

Les priviléges de la descendance d'Eudes le Maire sont rappelés par Réné Chopin dans son chapitre des *Maîtres-gardes de la franchise et de la lignée d'Eudes le Maire*, et dans son traité *De sacrâ politiâ forensi*, liv. III, titre 2, nᵒˢ 21 et 22. De la Roque en parle aussi dans son *Traité de la Noblesse*, au chapitre XXXXIV, intitulé : *de la noblesse d'Eudes le Maire*. Joly, dans ses *OEuvres*, t. Iᵉʳ, p. 674; Julien Péléus, dans ses *Actions forenses, singulières et remarquables*, liv. VIII, action 17; le Bret, dans son 13ᵉ *Plaidoyer* de l'année 1604; et Guillaume Blanchard, dans sa *Compilation chronologique*, en font aussi mention.

Les descendants d'Eudes le Maire ayant prétendu que ces priviléges s'étendaient à l'exemption du paiement des huitième, vingtième, droits sur les boissons et autres impositions communes aux autres sujets du roi, François Iᵉʳ, par une déclaration du 19 janvier 1540, Henri III, par lettres-patentes du 29 janvier 1578, et Henri IV, par une déclaration de mars 1601, enregistrée au parlement de Paris, le 3 juillet 1602, ont successivement assujéti ces mêmes descendants à l'acquittement de ces sortes de contributions. Enfin Louis XIII, par des lettres-patentes de 1635, citées par de la Roque, a déclaré que les priviléges dont il s'agit, devaient être restreints aux termes de la première concession, laquelle ne concernait que certains droits de coutume, ou redevances domaniales qui se levaient anciennement.

A l'égard de la noblesse qui dérive de la charte de 1085, Favyn, qui écrivait en 1612, postérieurement à la déclaration de Henri IV, assure qu'elle s'est constamment et de temps immémorial conservée et maintenue en faveur de l'un et de l'autre sexe dans les familles issues d'Eudes le Maire, particulièrement dans la famille Chartier, qui devait sa noblesse à Tiphaine le Maire, épouse d'Alain Chartier, Iᵉʳ du nom.

Les maîtres des requêtes de l'hôtel du roi étaient, d'après Favyn et de la Roque, les juges et conservateurs des priviléges accordés à la descendance d'Eudes le Maire; et c'est par cette raison que la famille Chartier obtint d'eux, le 12 mars 1532, une sentence qui la maintenait dans ces mêmes priviléges.

Les armoiries d'Eudes le Maire se sont conservées et maintenues dans sa descendance.

On les voit, dit de la Roque, en l'église de Saint-Étienne-du-Mont à Paris, ainsi que dans celle de Saint-André-des-Arcs, à cause de Claude HARDY, écuyer, descendant de Tiphaine le Maire (1). Dubuisson en son *Armorial*, t. Ier, p. 194, remarque aussi que la famille LE JUGE, qui appartient à la même descendance, et dont un des membres, N.... le Juge, écuyer, seigneur de Bazoches, a été maire d'Orléans en 1763, écartelle ses armes de celles de *le Maire*, contrécartelées de celles de *Jérusalem*.

Claude HERVY, échevin de la ville de Paris, en 1567, dont il a été parlé page 36, et dont Marie Hervy, femme de Jacques Jullien, IIIe du nom, descendait en ligne directe, avait également, suivant l'*Armorial de la ville de Paris*, planche 48, les mêmes armes qu'Eudes le Maire, comme tirant de lui son origine maternelle.

Germain BOURQIER, aussi échevin de Paris en 1555, Étienne QUARTIER, quartinier de la même ville en 1651, et Claude LE ROY, écuyer, seigneur de Champgreffier, échevin de Paris en 1709, avaient également ces mêmes armes, d'après le même *Armorial*, planches 44, 78 et 114, comme descendants tous pareillement d'Eudes le Maire par les femmes.

La généalogie des descendants de Michel Chartier, Ier du nom, et de Catherine Pasté, se trouve établie, pour chacune des branches de cette descendance, dans l'*Abrégé chronologique de la fondation et histoire du collége de Boissy*, rédigé, en 1678, par Guillaume HODEY, principal de ce collége, qui l'a fait reconnaître et homologuer au grand conseil par arrêt du 29 juillet 1680, et l'a fait ensuite imprimer, de même qu'il a fait graver sur cuivre les planches généalogiques de toutes les branches, avec leurs armoiries, notamment de celle issue de Perrine Chartier.

Ces planches, la généalogie et l'arrêt sont déposés en originaux

HARDY : écartelé, aux 1 et 4 de *Jérusalem*; aux 2 et 3 de *le Maire*; sur le tout de sable, au lion d'or, lampassé et armé de gueules; au chef cousu d'azur, chargé de 3 étoiles d'or, qui est de *Hardy*.

LE JUGE : écartelé, aux 1 et 4 de *Jérusalem*; aux 2 et 3 de *le Maire*, à la fasce d'azur, et d'azur, à l'olivier de 3 branches d'argent, sur un tertre alésé de sinople, accosté d'un croissant et d'une étoile d'or, qui est de *le Juge*.

HERVY, BOURQIER, QUARTIER et LE ROY : écartelé de *Jérusalem* et de *le Maire*.

HODEY : d'azur, à la fasce d'or, chargée de 2 roses de gueules, et accompagnée de 3 étoiles d'or en chef, et d'un croissant d'argent en pointe.

DE WAROQUIER : écartelé, aux 1 et 4 d'azur, à la main d'argent, qui est de *Waroquier*; aux 2 et 3 d'or, *alias* d'argent, à 3 fleurs de lys nourries de gueules, qui est de *Wavran*.

(1) Claude Hardy, descendant de Macé Hardy et de Simonne Chartier, fille de Jean Chartier, écuyer, seigneur d'Authon et de Rochefort, était grand-audiencier de France et maître des comptes. Françoise Hardy, sa cousine, a épousé, le 27 janvier 1608, Reué de Waroquier, écuyer, seigneur de Combles. (*Supplément du Dictionnaire de la Noblesse de la Chesnaye des Bois*, t. Ier, p. 51.)

aux archives de France, section historique, carton numéroté M (246) ; et M. de Courcelles, descendant en ligne directe d'Eudes le Maire au XIXe degré, en possède un extrait authentique, en ce qui concerne la branche à laquelle appartenait Marie-Madelaine Gorrant, sa mère, extrait à lui délivré par M. Daunou, garde de ces mêmes archives, le 23 décembre 1814, revêtu du sceau des archives, et portant en tête les armoiries coloriées d'Eudes le Maire, écartelées de celles de Jérusalem, et celles de la famille Chartier.

Les alliances contractées par les descendants de Perrine Chartier, épouse de Ferri Aléaume, ne se bornent pas à celles rappelées dans la généalogie de la famille Jullien ou dans la présente notice. Ces mêmes descendants se sont encore alliés aux familles dont on va donner ici les noms et armes, en suivant l'ordre chronologique des alliances, savoir :

GEVRAISE : d'azur, à l'épi de blé d'or.

TRANCHOT : d'argent, au chevron de gueules.

POLUCHE : fascé d'or et de gueules ; au chef d'azur, chargé d'une grenade d'or.

ROUSSEAU : d'azur, à trois têtes de léopard d'or.

STAMPLE : d'argent, au chevron de sable, accompagné en chef de deux trèfles de sinople, et en pointe d'une pate d'aigle de gueules.

GALLUS DE RIOUBERT : d'azur, au chevron contrebretessé d'or, accompagné de trois besants d'argent.

GOUGNON : d'azur, au goujon d'argent en fasce, accompagné de trois molettes d'éperon du même.

TULLIER : d'azur, au chevron d'or, accompagné de trois étoiles d'argent.

SEVIN : d'azur, à la gerbe de blé d'or.

CAHOUET : d'azur, au sautoir denché d'or, cantonné de quatre besants du même ; au chef d'or, chargé d'un chevron renversé de gueules.

BLANCHET : d'argent, au chevron de gueules, accompagné de deux croissants d'azur en chef, et en pointe d'une aigle de sable, tenant dans ses serres deux petits croissants d'azur.

LANDRON :

DE TAIS : d'argent, à deux fasces d'azur.

PINSON : d'azur, à trois losanges d'or ; au chef échiqueté d'or et de gueules.

DE MONTREUIL : d'azur, à trois lys rangés d'argent, surmontés d'un épervier essorant du même.

DE BRUSCOLI : d'azur, au lion d'or, tenant une tulipe tigée d'argent.

DU VERGER : de gueules, au soleil d'or.

BLANDIN : d'azur, à deux épées d'argent, garnies d'or, et passées en sautoir.

ARGANT DE CHEVRINVILLE :

BRISSON : d'azur, à trois fusées rangées d'argent.

BUGY : d'azur, à l'arc et au carquois d'or, passés en sautoir.

DE BEAUSSE : d'azur, au cœur enflammé accompagné en chef d'un soleil d'or, aux flancs de deux gerbes de blé du même, et en pointe d'un croissant d'argent.

VILLABON : de gueules, à trois roses d'argent.

LE BERCHE : de gueules, au chevron d'or, accompagné de trois roses d'argent, tigées de sinople ; au chef cousu d'azur, chargé de trois étoiles d'or.

DOLLET : d'argent, au sautoir d'azur.

BERNARD : d'azur, au lion d'argent, accompagné de trois demi-vols du même.

ESCOT : de sable, à trois mains d'argent ; au chef d'or.

DE CASTANET :

HAZARD : d'azur, à la Fortune d'argent.

BOUCHER : écartelé, aux 1 et 4 d'argent, à la croix potencée d'or, cantonnée de quatre croisettes du même, qui est de Jérusalem ; aux 2 et 3 de sinople, à l'écusson d'or, chargé d'un écu de gueules, surchargé d'une feuille de chêne d'argent posée en pal, qui est de le Maire.

DU DOIGT : d'or, au palmier terrassé de sinople, sommé à dextre d'un hibou au naturel, regardant une main fermée et montrant le doigt, mouvante d'une nuée à senestre ; le tout surmonté de deux étoiles de gueules.

MAINDEXTRE : de gueules, à une main dextre d'argent.

PAPILLON DE LA FERTÉ : d'azur, au chevron d'argent, accompagné en chef de deux papillons, et en pointe d'un coq du même, becqué, barbé et crêté de gueules.

MEL : parti, de gueules et d'argent, à six coquilles, 4 de l'un en l'autre et deux de l'un à l'autre ; en cœur, un écusson parti d'argent et d'or.

COLBERT : d'or, à une couleuvre d'azur, posée en pal.

LE NORMANT : écartelé, aux 1 et 4 de gueules, au roc d'échiquier d'or ; aux 2 et 3 d'or, au roc d'échiquier de gueules : sur le tout d'azur, à la fleur de lys d'or.

COQUELIN : de sable, à trois têtes de léopard d'or, la dernière traversée en bande par une épée d'argent.

DE CHABANNES : de gueules, au lion d'hermine, lampassé, armé et couronné d'or.

LE FÈVRE D'ORMESSON : d'azur, à trois lys de jardin d'argent, fleuris d'or, tigés et feuillés de sinople.

CHAUVELIN : d'argent, au chou pommé et arraché de sinople, entouré par la tige d'un serpent d'or, la tête en haut.

JOGUES : d'or, au chevron de sable, chargé de trois étoiles d'or, et accompagné en chef de deux têtes de cerf arrachées, et affrontées au naturel, et en pointe d'un rocher d'argent au flanc senestre, d'où jaillit une fontaine au naturel, et au flanc dextre d'une cannette nageante d'argent.

DE MAULE : d'argent, à la bande de sable, chargée de trois molettes d'éperon d'argent.

DU VERDIER : d'azur, au chevron renversé d'argent, accompagné de trois étoiles d'or.

FEYDEAU : d'azur, au chevron d'or, accompagné de trois coquilles du même.

LE PRINCE : de gueules, à cinq tangles d'argent.

ROSSIGNOL : d'azur, au chevron d'or, accompagné de deux étoiles du même en chef, et d'un rossignol au naturel en pointe.

FAUGÉ : d'azur, à la faulx d'argent, emmanché d'or, et accompagnée de trois pigeons du même.

Les autres branches de la famille Chartier se composent, suivant les planches généalogiques dont on a parlé plus haut, 1° des descendants de Simon Chartier, nommé page 81 de la présente notice, alliés avec les familles suivantes :

BRINON : d'azur, au chevron d'or, au chef denché du même.

DE MONTHOLON : d'azur, au mouton d'or, surmonté de trois quintefeuilles d'argent.

TESTE DE COUPVRAY : d'argent, au chevron de gueules, accompagné de trois hures de sanglier de sable.

BOUGUIER : de gueules, au lion d'or.

MOLÉ : écartelé, aux 1 et 4 de gueules, au chevron d'or, accompagné en chef de deux étoiles du même, et en pointe d'un croissant d'argent, qui est de *Molé* ; aux 2 et 3 d'argent, au lion de sable, qui est de *Mesgrigny*.

DE MESMES : écartelé, au 1 d'or, au croissant de sable ; aux 2 et 3 d'argent, à deux lions léopardés de gueules ; au 4 tiercé en fasce, le 1er de gueules, le 2e d'or, à une étoile de sable, et le 3e ondé d'azur.

DE MESGRIGNY : d'argent, au lion de sable.

DE NICOLAÏ : d'azur, à la levrette courante d'argent, colletée d'un collier de gueules bouclé d'or.

PONCHER : d'or, au chevron de gueules, chargé d'une tête de maure au naturel et accompagné de trois coquilles de sable.

DE BUSSY D'INTEVILLE : écartelé d'argent et d'azur.

DE ROCHECHOUART : fascé, nébulé d'argent et de gueules.

DE BUEIL : d'azur, au croissant d'argent, accompagné de six croix recroisetées et fichées d'or.

DU MESNIL-SIMON-BEAUJEU : d'argent, à six mains renversées de gueules.

TURPIN DE CRISSÉ : losangé d'argent et de gueules.

DE BESSAY : écartelé, aux 1 et 4 de sable, à huit losanges d'argent en bande, qui est *de Bessay ;* aux 2 et 3 burelés d'argent et d'azur, au lion de gueules, armé, lampassé et couronné d'or, brochant sur le tout, qui est de *Lusignan.*

DE POITIERS : burelé d'argent et d'azur ; à la bande de gueules, brochante sur le tout.

DE BUCY : d'or, à dix billettes de gueules.

FONTAINE : d'or, au rencontre de cerf de sable.

DE BOUTHILLIER : d'azur, à trois losanges d'or.

DE CHASTEIGNER DE SAINT-GEORGES : d'or, au lion léopardé, arrêté de sinople, lampassé et armé de gueules.

FROTIER DE LA COSTE-MESSELIÈRE : d'argent, au pal de gueules, accosté de dix losanges du même, cinq de chaque côté, posées 2, 2 et 1.

DE CRUX DE VIEILLEVIGNE : d'azur, à deux bandes d'argent accostées de sept coquilles du même, 2, 3 et 2.

DE HELMSTADT : parti, au 1 d'azur, au lion d'or, tenant un instrument tranchant ; au 2 de gueules, à la bande d'argent, accompagnée de deux roses du même.

GARNIER : d'azur, à trois roses tigées d'argent.

BETHAULT : d'azur, au lion d'or, à la bande de gueules, chargée de trois roses d'argent et brochante sur le tout.

BAZAN DE FLAMANVILLE : d'azur, à deux jumelles d'argent, surmontées d'un lion léopardé du même, armé, lampassé et couronné d'or.

DE MONCHY D'HOCQUINCOURT : de gueules, à trois maillets d'or.

LE GORLIER DE DROUILLY : d'argent, à la fasce de gueules, chargée d'une coquille d'or, et accompagnée de trois merlettes de sable.

TALON : d'azur, au chevron accompagné de trois épis de blé, mouvants chacun d'un croissant, le tout d'or.

LE CAMUS : de gueules, au pélican d'argent ; au chef cousu d'azur, chargé d'une fleur de lys d'or.

DE PAS DE FEUQUIÈRES : de gueules, au lion d'argent.

CHAUVELIN : d'argent, au chou pommé et arraché de sinople, entouré par la tige d'un serpent d'or, la tête en haut.

DE SEIGLIÈRES-DE-BOISFRANC-DE-SOYECOURT : écartelé, aux 1 et 4 de sable, semés de fleurs de lys d'or, qui est *de Belleforière* ; aux 2 et 3 d'argent, frétés de gueules, qui est *de Soyecourt* ; sur le tout d'azur, à trois épis de seigle d'or, qui est *de Seiglières*.

2°. Des descendants de Julien Chartier, qui, indépendamment des alliances de cette branche, signalées pages 34 et 36 de la généalogie de la famille Jullien, en ont contracté d'autres avec les familles suivantes :

BRACHET : d'azur, au chien braque assis d'argent.

COIGNET DE LA TUILERIE : d'azur, à deux épées en sautoir d'argent, cantonnées de quatre croissants du même.

FONTAINE : d'or, au rencontre de cerf de sable.

BOUETTE : d'argent, à la fasce de gueules, chargée de trois croissants d'argent.

DE VAUDETARD DE BOURNONVILLE : fascé d'argent et d'azur.

BERBIER DU METZ : d'azur, à trois colombes d'argent.

HENNEQUIN : vairé d'or et d'azur ; au chef de gueules, chargé d'un lion léopardé d'argent.

DU VAL : de sinople, à la fasce d'argent.

VASSOULT : de gueules, au chevron renversé d'hermine, chargé à la cime d'un vase d'or, d'où sortent trois lys au naturel.

LESTORÉ : d'or, au chêne de sinople, greffé à la racine de deux branches de laurier du même.

HAPARD :

LE BLANC : d'argent, au lion de gueules.

BOINEAU : d'azur, au chevron d'or, accompagné de trois étoiles du même ; celles en chef surmontées de deux colombes affrontées d'argent.

COMPOSION : contrepalé d'or et de gueules ; à la fasce de gueules, chargée de trois roses d'argent, brochante sur le tout.

MARGALÉ : contrepalé d'or et de gueules, à la fasce de gueules, chargée de trois roses d'argent, brochante sur le tout, et surmontée d'un écusson d'azur, à la fleur de lys d'or.

GUYOT : d'azur, à la licorne d'argent ; au chef d'or, chargé de trois têtes de léopard arrachées de gueules.

3°. Des descendants de Geneviève Chartier, nommée page 80 de la présente notice, et épouse de François de Montholon, garde-des-sceaux de France, qui se sont alliés avec les familles dont les noms et les armoiries suivent :

BOCHART : d'azur, au croissant d'or, abaissé sous une étoile du même.

CLAUSSE : d'azur, au chevron d'argent, accompagné de trois têtes de léopard d'or.

COLLIN : d'azur, à trois colonnes rangées d'or.

LE COIGNEUX : d'azur, à trois porcs-épics d'or.

LE BEAU : d'azur, à la fasce d'argent, accompagnée en chef de trois coquilles du même et en pointe d'une étoile d'or.

GENESSON :

LASNIER : d'azur, au sautoir losangé d'or, cantonné de quatre aiglettes du même.

NOIRTET :

BAILLET DE VAUGRENANT : d'argent, à trois chardons de gueules, tigés et feuillés de sinople.

DE BERNARD DE FORAX : écartelé, aux 1 et 4 de gueules, au lion d'or ; aux 2 et 3 d'or, à la croix d'azur.

DU MOUCHET : d'argent, à trois hures de sanglier de sable.

DE LA HAYE : parti de trois traits et contre-chevronné d'or et de gueules.

DE LA GUILLAUMIE : d'argent, au chevron de gueules, accompagné de trois croissants du même.

DE CANONVILLE DE GROSMESNIL : de gueules, à trois molettes d'éperon d'or.

DU VIVIER : d'azur, au vivier d'argent, du bord duquel s'élève un chêne d'or, senestré d'un roseau de sinople, et surmonté d'une étoile d'argent ; au soleil d'or, mouvant de l'angle dextre supérieur.

BERLINGUET :

CHASTELIN : de gueules, au château à deux tours d'or, maçonné de sable et girouetté d'argent.

LANTELET : d'azur, au lion léopardé d'or, au chef cousu de gueules, chargé d'un croissant d'or, accosté de deux étoiles du même.

DE VASSAN : d'azur, au chevron d'or, accompagné en chef de deux roses d'argent, et en pointe d'une coquille du même.

FERDEAU : d'azur, au chevron d'or, accompagné de trois coquilles du même.

BASSET : d'argent, au chien basset de sable, passant devant un chêne terrassé de sinople.

DE ROUEN :

QUÉROY : de gueules, au mur de quai d'argent, maçonné de sable, bordant une rivière de sinople, et surmonté d'une couronne royale d'or.

LE CERF : d'azur, au lys tigé et feuillé d'argent, accosté de deux massacres de cerf d'or.

TRUCHOT : d'azur, au chevron, accompagné en chef de deux étoiles, et en pointe d'un pigeon, le tout d'or.

DE MARTÈGES :

BELLANGER :

MERLIN :

ECHAR : d'azur, à la fasce d'or, accompagnée de 5 étoiles d'argent.

MARÉCHAL : d'or, au chevron brisé de sable.

BOURDIN : d'azur, au chevron d'or, accompagné de trois rencontres de cerf du même.

SACHOT : d'azur, à trois haches d'armes d'argent.

DE THUMERY : d'azur, à la croix écartelée d'or et d'argent, engrêlée et cantonnée de quatre boutons de rose au naturel.

GARNIER : d'azur, à l'épée d'or en bande, la pointe en haut, accostée de deux fleurs de lys du même.

CRESPIN DU VIVIER : d'azur, à la fleur de lys d'or, accompagnée en chef de deux étoiles d'argent, et en pointe d'un croissant du même.

GOURY : d'azur, à trois bandes d'or.

LE TELLIER : d'azur, à trois léopards rangés d'argent; au chef cousu de gueules, chargé de trois étoiles d'or.

DE GOUSTIMESNIL : d'or, à trois marteaux de gueules.

DE COURTENAY : écartelé aux 1 et 4 d'azur, à trois fleurs de lys d'or, à la bordure engrêlée de gueules; aux 2 et 3 d'or, à trois tourteaux de gueules.

DE VION DE TESSANCOURT : de gueules, à trois aigles d'argent, becquées et membrées d'or.

DODUN : d'azur, à la fasce d'argent, chargée d'un lion naissant de gueules, et accompagnée de trois grenades d'or.

DE CHENEVELLES : d'or, à la fasce de gueules, accompagnée en chef d'une couronne de laurier de sinople, et en pointe d'une aigle éployée de sable.

DE FLEXELLES DE BREGY : d'azur, au lion d'argent, lampassé de gueules; au chef d'or, chargé de trois tourteaux de gueules.

GALLOIS : d'argent, au coq de sable, crêté de gueules et sommé d'une couronne de sable.

DE CHAMBLY : d'argent, à la croix denchée d'azur, chargée de cinq fleurs de lys d'or, et accompagnée au premier canton d'un écu de gueules, chargé de deux coquilles d'argent en chef, et d'une fleur de lys du même en pointe.

DE ROUFFIGNAC D'ASPREMONT : d'or, au lion de gueules.

COQUELART DE PREFOSSE :

FERRAND : écartelé, aux 1 et 4 d'or, au lion de sable; aux 2 et 3 d'azur, à trois coquilles d'or.

BRIÇONNET : d'azur, à la bande componée d'or et de gueules de cinq pièces, chargée sur le premier compon de gueules d'une étoile d'or, et accompagnée d'une autre étoile du même en chef.

LONGUET : d'azur, à la fasce d'or, surmontée de trois têtes de léopard du même.

HUOT : d'azur, à trois éperviers essorants d'or.

ANGRAN : d'azur, à trois chevrons d'or, accompagnés de trois étoiles du même.

LE MAISTRE DE BELLEJAME : d'azur, à trois soucis d'or.

DE BULLION : écartelé, aux 1 et 4 d'azur, à trois fasces ondées d'argent, sommées d'un lion naissant d'or; aux 2 et 3 d'argent, à la bande de gueules, accostée de six coquilles d'or.

DE LA BOUTIÈRE DE CANY : d'azur, à la fasce d'or, accompagnée de trois croissants du même.

LE ROY DE BEAUPRÉ : d'azur, au chevron d'argent, accompagné de trois étoiles d'or.

LE FÈVRE D'ORMESSON : d'azur, à trois lys de jardin d'argent, fleuris d'or, tigés et feuillés de sinople.

DE FRANCINI DE VILLEPREUX : d'azur, à la main gantelée d'argent, tenant une pomme de pin d'or, surmontée d'une étoile et accompagnée de trois fleurs de lys, le tout d'or.

MAHÉ DE LA BOURDONNAIS : de gueules, à trois bourdons de pèlerin d'argent.

DU NOYÉ : d'azur, au chevron d'or, accompagné d'une rose d'argent en pointe; au chef d'or, chargé de trois têtes de maure au naturel.

BARBERIE DE SAINT-CONTEST : d'azur, à trois têtes d'aigle arrachées d'or.

D'AGUESSEAU : d'azur, à deux fasces d'or, accompagnées de cinq coquilles et d'un croissant d'argent, 3, 2 et 1.

DE CHASTELLUX : d'azur, à la bande d'or, accostée de sept billettes du même, 4 en chef, posées 2 et 2, et 3 en pointe dans le sens de l'orle.

TESTE DE COUPVRAY : d'argent, au chevron de gueules, accompagné de trois hures de sanglier de sable.

CHEVALIER : écartelé, aux 1 et 4 d'azur, à la cordelière d'or; aux 2 et 3 d'argent, au lion de sable; sur le tout de gueules, au lion d'or.

BARREAU : d'azur, à la fasce d'argent, accompagnée de trois colombes du même.

BOULLENC DE CRÈVECOEUR : d'azur, à la fasce d'or, chargée de trois tourteaux de gueules, et accompagnée de trois épis de blé d'or.

DE LA SALLE : d'azur, à deux éperons d'or, le second contreposé.

LE MOINE : d'azur, au chevron d'or, accompagné de deux roses d'argent en chef, et d'une tête de maure du même en pointe.

DE LONGUEIL : d'azur, à trois roses d'argent; au chef d'or, chargé de trois roses de gueules.

MICHON : d'azur, à la fleur de lys d'or, accompagnée de trois besants d'argent.

BONNARD : d'or, au chevron d'azur, accompagné de trois glands de sinople.

DE FIEUBET : d'azur, au chevron d'or, accompagné en chef de deux croissants d'argent, et en pointe d'une montagne du même.

DE BELLEFORIÈRE DE SOYECOURT : de sable, semé de fleurs de lys d'or.

DE LIMOGES : d'argent, à six tourteaux de gueules, posés 3, 2 et 1.

LUTHIER DE SAINT-MARTIN : d'argent, au lion de sable, tenant en sa gueule une bisse de sinople en fasce.

DE RIVIÈRE : d'azur, au chevron d'or, accompagné en chef de deux roses d'argent, et en pointe d'un croissant du même.

FALCONY : écartelé, aux 1 et 4 d'or, au lion de sable; aux 2 et 3 de gueules, à la croix de Toulouse d'or.

DE LAMOIGNON : losangé d'argent et de sable; au franc quartier d'hermine.

ROCQ DE VARANGEVILLE : d'azur, à l'étoile d'or, accompagnée de trois rocs d'échiquier d'argent.

DE SÉIGLIÈRES DE BOISFRANC : d'azur, à trois épis de seigle d'or.

DE ROMILLY : d'azur, à deux léopards d'or, lampassés, armés et couronnés de gueules.

POTIER DE NOVION : d'azur, à trois mains d'or; au franc canton échiqueté d'argent et d'azur.

LE DOULX DE MELLEVILLE : d'azur, à trois têtes d'aigle arrachées d'or.

DE LYONNE : d'azur, à la fasce d'or, accompagnée de trois têtes de lion du même.

D'AMANZÉ : de gueules, à trois coquilles d'or.

CHARON DE MENARS : d'azur, au chevron d'or, accompagné de trois étoiles du même.

DE PAS DE FEUQUIÈRES : de gueules, au lion d'argent.

SAGUIER DE LUIGNÉ : d'argent, à la tête de maure de sable.

RANCHIN : d'azur, à la fasce d'or, accompagnée en chef de trois étoiles du même, et en pointe d'un puits d'argent, maçonné de même.

POTIER DE GESVRES : d'azur, à trois mains d'or; au franc canton échiqueté d'argent et d'azur.

4°. Enfin des descendants de Marie Chartier, nommée page 81, et épouse de Jacques Guillaureau, seigneur de la Perrière, qui se sont alliés avec les familles dont les noms et les armes suivent :

DE MAILLARD : d'argent, à la bande de gueules, chargée de trois lys de jardin d'argent, et accostée de six merlettes de sable en orle.

BOUGUIER : de gueules, au lion d'or.

DE FRAGUIER : d'azur, à la fasce d'argent, accompagnée de trois grappes de raisin d'or.

DE ROCHEFORT : d'azur, au chevron d'or, surmonté d'une fleur de lys, et accompagné en chef de deux branches de laurier, et en pointe d'une étoile, le tout du même émail.

CAMUS : d'azur, à l'étoile d'or, accompagnée de trois croissants d'argent.

DE SAINTES : d'azur, au chevron d'argent, accompagné en chef, à dextre, d'une étoile d'or, à sénestre, d'un croissant d'argent, et en pointe d'un lion d'or.

CATIN : écartelé, aux 1 et 4 d'argent, à trois fascés ondées d'azur; aux 2 et 3 d'azur, au lion d'or.

PERROT : d'azur, à 2 croissants d'or en pal, le second versé; au chef d'argent, chargé de trois aiglettes éployées de sable, au vol abaissé.

DES COMTES :

LE REBOURS : de gueules, à sept losanges d'argent, 5, 3 et 1.

FORTIN :

PAILLET :

DE SÉVE : fascé d'or et de sable; à la bordure componée de l'un en l'autre.

LE NOIR : d'or, au chevron d'azur, chargé d'une fleur de lys d'or, et accompagné de trois têtes de maure de sable.

LE MAIRE : d'argent, à deux taux de gueules, surmontés de trois rameaux de laurier de sinople bien ordonnés.

BOCHART : d'azur, à un croissant d'or, abaissé sous une étoile du même.

D'EMERY : d'or, au chêne terrassé de sinople; au chef d'azur, chargé de trois étoiles d'or.

MERAULT : d'azur, au chevron d'or, accompagné de trois molettes d'éperon du même.

LE PRINCE DE LA BRETONNIÈRE : de gueules, à cinq trangles d'argent.

DU FOUR : d'argent, au chevron d'azur, accompagné de trois roses de gueules.

LAMBERT : d'azur, au chevron d'or, accompagné en chef de deux étoiles et en pointe d'un lion, le tout du même.

TRONÇON : coupé, au 1 d'azur, à une tige de trois coquerelles d'or, mouvante de la partition; au 2 d'argent, muraillé de sable.

DE ROCHECHOUART : fascé, nébulé d'argent et de gueules.

DE GUÉNÉGAUD : parti, au 1 de gueules, au lion d'or, surmonté d'une croix patriarcale du même; au 2 d'azur, à la croix d'or, chargée d'un croissant de gueules.

DE CHARTRES : de gueules, au chevron d'or, accompagné de trois étoiles d'argent.

PETIT DE LA GUERCHE : de sable, à la bande d'argent, chargée d'un lion léopardé de gueules.

LE ROUX : de gueules, au chevron d'or, accompagné de trois étoiles du même.

BAUÇAY : de gueules, à la croix ancrée d'or.

LE CLERC DE LESSEVILLE : d'azur, à trois croissants d'or; au lambel d'argent.

DE BERNACE : d'or, à trois fasces de gueules, chargées chacune de cinq flanchis d'argent.

TESTU DE BALINCOURT : d'or, à trois lions léopardés l'un sur l'autre de gueules, celui du milieu contrepassant.

GIRARD DE VILLETANEUSE : écartelé, aux 1 et 4 d'argent, à la fasce de gueules, chargée d'un lion léopardé couronné d'or, et accompagnée en pointe d'une quintefeuille d'azur ; aux 2 et 3 d'or, à trois merlettes de sable ; sur le tout, losangé d'argent et de gueules.

DU MESNIL : d'azur, au lion d'or.

D'AUBIGNÉ : de gueules, au lion d'hermine, couronné, armé et lampassé d'or.

TIREMOIS : d'azur, au sautoir d'argent, chargé de cinq cors de chasse d'or.

ALLEMANT DE MONTMARTIN : de gueules, semé de fleurs de lys d'or ; à la bande d'argent.

BRIÇONNET : d'azur, à la bande componée d'or et de gueules de cinq pièces, chargée sur le premier compon de gueules d'une étoile d'or, et accompagnée d'une autre étoile du même en chef.

DE MAUCÉ DE LA RINVILLE : d'argent, à trois chevrons de gueules.

LE BRETON : d'azur, au chevron d'argent ; au chef cousu de gueules, chargé de trois besants d'or.

LANGLOIS DE MOTTEVILLE : d'or, à deux lions léopardés de gueules ; au chef d'azur, chargé de trois besants d'or.

LE BEAU : d'azur, à la fasce d'argent, accompagnée en chef de trois coquilles du même, et en pointe d'une étoile d'or.

GUEAU : d'azur, à une colombe au naturel, perchée sur un gui de chêne de sinople en fasce vers le bas de l'écu.

QUEDARNE : d'azur, à trois étoiles d'or.

FOUGERANGE : de gueules, au chevron d'or, surmonté d'un chérubin du même.

DU VAL : coupé, d'argent et de sable, au lion de l'un en l'autre, armé et lampassé de gueules.

BELET : de sable, à une main senestre d'argent, surmontée de deux roses du même.

BOUVART : d'azur, à trois fasces d'or, accompagnées en chef d'un croissant, et en pointe de trois étoiles, posées 2 et 1, le tout du même.

COUTAULT : de gueules, au couteau de chasse d'argent.

DE PARDIEU : d'or, au lion couronné de gueules.

LE VASSOR : d'azur, au chevron d'or, accompagné de 3 gerbes de blé, les deux en chef surmontées chacune de trois étoiles bien ordonnées, le tout du même émail.

DE FRÉTARD : de gueules, frété d'argent.

TROCHON : d'azur, à deux chevrons d'argent, accompagnés en pointe d'un croissant du même ; au chef cousu de gueules, chargé d'une foi d'or.

GRENET : d'argent, à la tierce d'azur, accompagnée de quatre taux du même.

LE BOISTEL : d'azur, à la bande d'or, chargée de trois merlettes de sable, et accompagnée de deux lions du second émail.

LAVOLÉE : de gueules, à l'aigle éployée d'or ; au chef cousu d'azur, chargé d'un croissant d'argent, accosté de deux étoiles du même.

SOCHON : de sinople, à trois épis de blé d'or.

PIERRE : d'argent, à trois têtes de griffon arrachées de sable ; au chef du même, chargé de quatre fusées rangées d'argent.

LE TONNELLIER : d'azur, à l'épervier essorant d'or.

DE MAGNY : d'azur, au chevron d'argent, accompagné de trois colombes du même.

BOUTET DE GUIGNONVILLE : d'azur, au chevron d'or, accompagné en chef de deux étoiles du même, et en pointe d'un croissant d'argent.

BOURGET : de gueules, à la fasce d'argent, sur laquelle broche une flèche du même, perçant en chef un cœur d'or, enflammé à dextre et à sénestre, et accompagnée en pointe d'un croissant d'argent.

EDELINE : d'azur, à la fasce d'argent, chargée d'une coquille de sable, accostée de deux dauphins du même, et accompagnée de trois roses d'argent.

DE SAILLY : d'azur, à la fasce d'or, chargée de trois croisettes de sable, et accompagnée de trois têtes de butor arrachées d'or.

DE SÉRISY : de gueules, à dix annelets d'argent, 4, 3, 2 et 1.

DU BOIS : d'azur, à trois arbres d'or; au chef cousu de gueules, chargé de trois molettes d'éperon d'argent.

DE BRUET : d'argent, à trois têtes de lion de gueules.

LE COMTE DE MANDEVILLE : d'argent, au cheval de sable.

DE MILLEVILLE : d'azur, à l'aigle d'or; au chef du même, chargé de trois grenades de sable, enflammées de gueules.

LE CORNU : d'or, à trois cornets de sable.

LAISNÉ : de gueules, au château d'or, maçonné de sable; au chef d'or, chargé de trois demi-vols de sable.

LE PREVOST : d'azur, à trois pals d'or; à la fasce de gueules, chargée de trois coquilles d'argent, brochante sur le tout.

LE DOULE DE MELLEVILLE : d'azur, à trois têtes d'aigle arrachées d'or.

DE SAINT-CHÉRON : d'azur, à deux éperons d'or, posés en fasces et contournés, ayant leurs molettes d'argent.

D'HEBEMBOURG : d'argent, au chevron de gueules, accompagné de trois molettes d'éperon de sable.

SIMON : d'azur, au chevron d'argent, accompagné de trois colombes du même.

DREUX : d'azur, au chevron d'or, accompagné en chef de deux roses d'argent, et en pointe d'une ombre de soleil d'or.

DE BRACELONGNE : de gueules, à la fasce d'argent, chargée d'une coquille de sable, et accompagnée de trois molettes d'éperon d'or.

DU VAUCEL : d'or, au chevron d'azur, chargé d'un croissant d'argent, et accompagné de deux roses de gueules en chef, et d'un rencontre de cerf du même en pointe.

DE MONTENAY : d'or, à deux fasces d'azur; à l'orle de huit coquilles de gueules.

GUYET : d'or, au lion de sable; au chef d'azur, chargé de deux étoiles d'or.

BOULAIS : d'azur, au chevron d'or, accompagné de trois besants du même.

DONES : d'azur, au livre ouvert d'argent, accompagné de cinq fleurs de lys du même, posées 3 et 2 en pointe; au chef cousu de gueules, chargé de trois fleurs de lys d'or.

OUDET : d'azur, au chevron d'or, accompagné en chef de deux glands et en pointe d'une étoile, le tout du même.

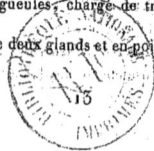

DE LA COUR : d'azur, au chevron accompagné en chef de deux étoiles, et en pointe d'un besant, le tout d'or; au chef du même.

GALLAND : d'or, au chef d'azur, chargé de trois étoiles d'argent.

NAU : d'azur, à cinq trangles d'or, accompagnées en chef d'une flamme du même.

DE CHAMBRAY : d'hermine, à trois tourteaux de gueules.

LE MARÉCHAL : d'azur, au lion couronné d'or, accompagné de trois roses d'argent, 2 en chef et 1 en pointe, et de six tourteaux de gueules, posés 3, 2 et 1.

DE GAUMONT : d'azur, au chevron d'or, accompagné de trois têtes de lion du même.

PLATRIÉ DE LA CROIX : d'or, à la tête de lion de sable.

DE MONTHOLON : d'azur, au mouton d'or, surmonté de trois quintefeuilles d'argent.

DE FOLLEVILLE : d'or, à dix losanges de gueules, 3, 3, 3 et 1.

DU FOUR : d'azur, à l'étoile d'or, accompagnée de trois croissants d'argent.

DE LIMOGES : d'argent, à 6 tourteaux de gueules.

DE LA BARRE : d'azur, à trois croissants d'or.

DE PEVEREL : d'or, treillissé d'azur; au lion de gueules brochant sur le tout.

GUILLOIS : d'azur, à l'héliotrope terrassé d'or.

CHAUVIN : d'or, au lion de sable; au chef d'azur, chargé de trois étoiles d'or.

GUILLEMEAU : d'azur, à la licorne issante d'argent, surmontée de deux étoiles d'or.

GOUSSARD : de gueules, au chevron d'or, accompagné de trois gousses d'argent.

GUÉNÉE : d'azur, au chevron d'argent, accompagné de trois glands d'or.

GOUPIL : d'argent, au chevron de gueules, accompagné de trois clous de la passion de sable.

BRIDIER : d'azur, à trois épis de blé d'or, posés 2 et 1 et surmontés d'un soleil du même.

MALHAPPE : d'azur, à la fasce d'argent, chargée de deux étoiles de sable, et accompagnée d'un soleil d'or en chef, et d'un croissant d'argent en pointe.

COQUILLOT : de gueules, au chevron d'or, accompagné de trois coquilles du même.

LE ROUYER : d'azur, à l'épi de blé d'or à dextre, une grappe de raisin du même à senestre, et un croissant d'argent en pointe.

HODEY : d'azur, à la fasce d'or, chargée de deux roses de gueules, et accompagnée de trois étoiles d'or en chef, et d'un croissant d'argent en pointe.

ROGER : d'azur, au chevron d'argent, accompagné de deux roses du même en chef, et d'une cloche d'or en pointe.

FORGET : d'azur, au chevron d'or, accompagné de trois coquilles du même.

DE LA COSTE : de gueules, à deux étoiles d'or en chef, et une montagne d'argent en pointe.

LE REDDE : d'argent, au chêne terrassé de sinople, surmonté d'une fasce alésée de gueules.

DE LANGLE : d'azur, à la fasce d'or, accompagnée de deux glands en chef et d'une rose en pointe, le tout du même.

Roussel : de gueules, à la fasce d'argent, accompagnée en chef de deux roses d'or, et en pointe d'une roue du même.

du Prey : d'azur, au chevron d'or, accompagné de trois glands du même.

Chrestin : d'azur, à trois chevrons d'or, accompagnés de trois croisettes du même.

le Boulanger : d'azur, à la fasce d'argent, accompagnée en chef de trois besants d'or.

Benoist : d'argent, au chevron d'azur, accompagné de trois roses de gueules.

Morin : d'or, au chevron d'azur, accompagné de trois têtes de maure de sable.

Raimbert : d'azur, au chevron d'or, accompagné en chef de deux étoiles du même, et en pointe d'une foi d'argent.

de Barc : de sable, à trois croisettes tréflées d'or.

du May : d'azur, à trois colombes d'or.

Coquentin : d'argent, au coq de gueules, posé sur une terrasse de sinople.

Chevillard : écartelé en sautoir; au 1 d'hermine, au pal de sinople; au 2 de vair, à la fasce de gueules; au 3 de vair, à la fasce de sable; au 4 d'hermine, au pal d'azur; ces quatre pièces clouées au centre par quatre clous d'or; à la champagne de pourpre.

Guyenet : d'argent, au chevron d'azur, accompagné en chef de deux étoiles de gueules, et en pointe d'un mouton du même, paissant sur une terrasse de sinople.

Chevalot : d'azur, au chevron d'or, surmonté de deux étoiles du même; au cheval d'argent brochant sur le tout.

Lopin : d'azur, au lion d'or.

de la Marre : de gueules, au chevron d'or, accompagné de trois coquilles d'argent.

de Berbisey : d'azur, à la brebis d'argent, paissant sur une terrasse de sinople.

Pérard : de gueules, à la bande d'argent, chargée d'un ours de sable; au chef d'or.

de Blin : de sinople, à trois béliers d'argent, les 2 en chef saillants et affrontés, et celui en pointe passant.

Bouhier : d'azur, au bœuf d'or, passant sur une terrasse de sinople.

Comeau : d'azur, à la fasce d'or, accompagnée de trois comètes d'argent.

Jant : d'azur, au chef d'or, chargé de trois merlettes de sable.

de Massol : coupé, au 1 d'or, à l'aigle éployée de sable; au 2 de gueules, au dextrochère armé d'argent, mouvant d'une nuée, et tenant une masse d'armes en barre, le tout du même.

de la Motte : d'azur, au chevron d'or, accompagné de trois glands du même.

Thomas : d'azur, à la fasce d'argent, chargée d'une étoile de gueules, et accompagnée en chef de deux roses, et en pointe d'un croissant d'argent.

Morlet du Muzeau de Garennes : d'argent, à une tête et col d'ours de sable, emmuselé de gueules.

Janvier de Sourdun-Champrond : d'azur, à l'aigle éployée d'or; au chef d'argent, chargé d'une hure de sanglier de sable.

de Brie : à quatre burelles de sable; au lion de gueules, brochant sur le tout.

HUAULT DE BUSSY : d'or, à la fasce d'azur, chargée de trois molettes d'éperon d'or, et accompagnée de trois coquerelles de gueules.

VEAU : d'or, au chevron d'azur, accompagné de trois têtes de veau de gueules.

DE DAMPIERRE : d'argent, à la bande d'azur, chargée de trois fleurs de lys d'or, et accompagnée de six merlettes de sable en orle.

DE HEILLY-PISSELEU : d'argent, à trois lions de gueules, couronnés d'or.

LE VAYER : de gueules, à la croix d'argent, chargée de cinq tourteaux de gueules.

ALAIN DE LA HEAULLE : d'azur, au chevron d'argent, accompagné en pointe d'un besant du même.

DU TRONCHAY : d'azur, à l'aigle éployée d'or; au soleil du même, mouvant de l'angle dextre supérieur de l'écu.

DE LANCRY : d'or, à trois ancres de sable.

LE MAZOYER : d'argent, à trois cœurs de gueules.

DU NOYER : d'azur, au chevron d'or, accompagné en pointe d'une aigle éployée d'or; au chef du même, chargé de trois têtes de léopard de sable.

DU POUGET DE NADAILLAC : d'or, au chevron d'azur, accompagné en pointe d'un mont de six coupeaux de sinople.

DE CHAUSSECOURTE : parti, émanché d'azur et d'or de cinq pièces, sur quatre et deux demies.

DE SAINTE-ALDEGONDE : d'hermine, à la croix de gueules, chargée de cinq quintefeuilles d'or.

La plus grande partie des familles, que l'on vient de rappeler comme alliées aux descendants d'Alain Chartier, Ier du nom, et de Tiphaine, le Maire subsiste encore aujourd'hui ; mais la désignation des membres actuels de ces diverses familles exigerait un cadre beaucoup trop étendu, pour que l'on pût s'en occuper, et suivre chacune d'elles dans toutes les ramifications dont elles se composent maintenant. On se contente ici de faire remarquer que ce n'est pas seulement dans les personnes de MM. du Temple, à Chartres, que subsiste aujourd'hui l'antique famille d'Eudes le Maire, comme paraît l'insinuer une note des auteurs de la *Biographie universelle, ancienne et moderne*, mise au tome XLIII, page 167, au bas de l'article consacré à la mémoire de Jean-Baptiste Souchet, chanoine de l'église de Chartres en 1632, qui tirait son origine maternelle d'Eudes le Maire, et qu'au contraire les descendants de ce dernier sont encore très-nombreux.

TABLE GÉNÉRALE

Des noms de maisons ou familles mentionnés dans la généalogie de la famille JULLIEN et dans les fragments et la notice mis à la suite.

Cette table désigne les armoiries de quelques familles dont les armes ne se trouvent point décrites dans le cours de la généalogie.

wwwwwwwwwwwwwwww

(1) *d'Aché :* chevronné d'or et de gueules.

(2) *d'Albret :* écartelé, aux 1 et 4 de *France;* aux 2 et 3 *d'Albret,* qui est de gueules plein.

(3) *d'Amboise :* palé d'or et de gueules.

(4) *d'Angoulevent :* de gueules, à la fasce d'hermine.

(1) *d'Arclais :* de gueules, à trois molettes d'éperon cousues de sable; au franc quartier du même, chargé d'une bande cousue d'azur, surchargée d'une molette d'éperon d'argent.

(2) *d'Argillières :* d'or, à la fasce de gueules, accompagnée de trois trèfles du même.

(3) *d'Argouges :* écartelé d'or et d'azur, à trois quintefeuilles de gueules, 2 en chef et 1 en pointe, celle-ci brochante sur les deux derniers quartiers.

(4) *d'Autret :* d'argent, à quatre burelles ondées d'azur.

(5) *d'Avaugour :* d'argent, au chef de gueules.

14

(1) *d'Avenières* : de gueules, à 3 gerbes d'or; et, en cœur, un écusson d'hermine.

(2) *Avice* : d'azur, à l'épée d'argent, garnie d'or, accompagnée de trois pommes de pin du même.

(3) *du Ban de la Feuillée* : écartelé, aux 1 et 4 contrécartelés d'azur, à trois feuilles de chêne d'or, et d'azur à la bande de gueules, dentelée d'argent; aux 2 et 3 d'azur, au chevron d'or, accompagné de trois pélicans du même.

(4) *Baudot* : d'azur, à 3 têtes de léopard d'or; au chef d'argent, chargé d'une croisette patée et fichée de sable.

(5) *de Bauffremont* : vairé d'or et de gueules.

(1) *de la Baume* : d'or, à la bande vivrée d'azur.

(2) *de Baux* : de gueules, à la comète à seize rais d'argent.

(3) *Bazin de Besons* : d'azur, à trois couronnes ducales d'or.

(4) *Beaudouin* : de gueules, à la croix ancrée d'or.

(5) *de Beaune* : de gueules, au chevron d'argent, accompagné de 3 besants d'or.

(6) *de Bedfort* : de gueules, à 3 léopards d'or.

(7) *Bequet* : d'azur, à la fasce d'or, accompagnée en chef d'une brebis paissante d'argent, et en pointe d'une quintefeuille du même.

(1) C'est par erreur qu'à la page 26 on a donné le nom de Berbirier à Olivier de Berbisey, qui était guidon de la compagnie d'hommes d'armes, dans laquelle servait Edme Jullien, IIIᵉ du nom, petit-fils d'Edme Jullien, Iᵉʳ du nom, et de Marie de Berbisey, sa première femme.

(2) Bernard de Montessus : d'azur, au chevron d'or, accompagné de trois étoiles d'argent.

(3) de Béthisy : d'azur, fretté d'or.

(4) Blondeau : d'or, au chevron d'azur, chargé d'un croissant d'argent et accompagné de trois œillets de gueules, tigés et feuillés de sinople.

(5) Bodin : de gueules, à deux fasces d'hermine.

(1) Bongars : de gueules, à la fasce d'or, accompagnée de six merlettes rangées du même.

(2) Boni : parti d'argent et de gueules.

(3) de Bonnay : d'azur, au chef d'or, au lion couronné de gueules, brochant sur le tout.

(4) du Bouzet : d'argent, au lion d'azur, couronné d'or, lampassé et armé de gueules.

(1) Bregnon : d'azur, à la croix d'or.

(2) de Bucy : d'azur, à la fasce d'or, chargée de trois lionceaux de sable.

(3) de Calvy : échiqueté d'argent et de sable.

(4) de Canlers : d'azur, à trois chandeliers d'église d'or.

(1) Carré : d'argent, à un rameau de deux branches d'olivier de sinople, arrondies et passées en sautoir, et fruitées de gueules, la tige accostée de deux roses du même ; au chef d'azur, chargé de trois étoiles d'or.

(2) Cauvet : d'or, à deux pins terrassés de sinople, entrelacés en double sautoir, et fruités chacun de quatre pommes d'or.

(3) de Chabannes : de gueules, au lion d'hermine, lampassé, armé et couronné d'or.

(4) Chabot : d'or, à trois chabots de gueules.

(5) de Chalons : d'or, à la bande de gueules.

(1) de Chastenay : d'argent, au coq de sinople, crêté et armé de gueules.

(2) de Chassy : d'azur, à la fasce d'or, accompagnée de trois étoiles du même.

(3) de Chatelus, en Bourbonnais : de gueules, au lion d'argent, lampassé, armé et couronné d'or.

(4) de Chazeron : d'or, au chef émanché de trois pièces d'azur.

(5) de Clavière : d'azur, au lion d'or, adextré d'une clef d'argent, le paneton en bas tourné vers le bord de l'écu ; à la fasce de gueules, brochante sur le tout.

(1) de Clèves : de gueules, à l'écusson d'argent ; au rai-d'escarboucle fleurdelysé d'or, brochant sur le tout.

(2) C'est par erreur qu'à la page 57 on a répété pour la famille le Comte de Mandeville les armoiries de la famille le Comte, en Gatinais. Celles des le Comte de Mandeville sont expliquées exactement p. 97.

(3) de Condet : d'azur, à la fleur de lys d'argent.

(6) de Costentin : de gueules, au dextrochère armé d'argent tenant une épée, et surmonté d'un casque taré de profil, tout du même.

(1) *de Courcelles :* d'argent, à l'arbre terrassé de sinople, accosté de deux lions affrontés de gueules, s'appuyant sur le fût de l'arbre ; au chef cousu d'or, chargé d'une hure de sanglier de sable.

(2) *de la Croix de Castries :* d'azur, à la croix d'or.

(3) *de la Croix de Chevrières :* d'azur, au buste de cheval d'or, animé de sable ; au chef cousu de gueules, chargé de trois croisettes d'argent.

(4) *Crozat :* de gueules, au chevron d'argent, accompagné de trois étoiles du même.

(5) *de Damas,* en Bourgogne : d'argent,

à la hie ou poteau de mer de sable en bande, accompagnée de six roses de gueules en orle.

(1) *de Damas,* en Nivernais : d'or, à la croix ancrée de gueules.

(2) *du Deffand :* d'argent, à la bande de sable, accompagnée en chef d'une merlette du même.

(3) *de Dinteville :* de sable, à deux léopards d'or, l'un sur l'autre.

(4) *d'Eltouf :* écartelé d'argent et de

sable, à la bordure engrêlée de gueules, qui est de Pradine; sur le tout d'or, à deux chevrons de sable, au lambel de trois pendants de gueules, qui est d'Eltouf.

(1) d'Espringles : d'argent, à la bande d'azur, chargée de trois coquilles d'or.

(2) d'Estanton : vairé d'argent et de sable, au franc quartier de gueules.

(3) le Fèvre de Caumartin : d'azur, à cinq trangles d'argent.

(1) de Foix : d'or, à 3 pals de gueules.

(2) de Frasans : d'or, au cerf de gueules.

(3) de Gadagne : de gueules, à la croix denchée d'or.

(1) de Gavarret : d'argent, au rosier boutonné de sable, accosté de deux lions affrontés du même.

(2) le Gendre : d'azur, au chevron d'or, accompagné en chef de deux étoiles du même, et en pointe d'un lévrier d'argent, colleté de gueules.

(3) Girault, en Bretagne : d'argent, à la fasce de gueules, accompagnée de trois croissants de sable.

(4) de Glandevès : fascé d'or et de gueules.

(5) du Gout : d'or, à trois fasces de gueules.

(1) de Grancey : d'or, au lion d'azur, lampassé et couronné de gueules.

(2) de Guise : écartelé de 8 quartiers, dont 4 en chef et 4 en pointe; au 1er en chef, fascé d'argent et de gueules de 8 pièces, qui est de Hongrie; au 2 semé de France, au lambel de trois pendants de gueules, qui est d'Anjou-Sicile; au 3 d'argent, à la croix potencée d'or, cantonnée de 4 croisettes du même, qui est de Jérusalem; au 4 d'or, à 4 pals de gueules, qui est d'Aragon; au 1er de la pointe, semé de France, à la bordure de gueules, qui est d'Anjou; au 2 d'azur, au lion couronné d'or, armé et lampassé de gueules, qui est de Gueldre; au 3 d'or, au lion de sable, aussi armé et lampassé de gueules, qui est de Flandre; au 4 d'azur, semé de croix recroisetées, au pied fiché d'or, à 2 bar-

beaux adossés du même, qui est *de Bar ;* sur le tout d'or, à la bande de gueules, chargée de 3 alérions d'argent, qui est *de Lorraine ;* au lambel de trois pendants de gueules, brochant sur le tout en chef.

(1) *Guyon :* d'argent, au cep de vigne, pampré et terrassé de sinople, fruité de gueules, et soutenu d'un échalas de sable.

(2) *Hilaire :* d'azur, au gantelet d'argent.

(3) *de Hochberg :* écartelé, aux 1 et 4 d'or, à la bande de gueules, qui est *de Ba-de-Hochberg ;* aux 2 et 3 d'or, au pal de gueules, chargé de trois chevrons d'argent, qui est *de Neufchâtel.*

(1) *Hue :* d'argent, à trois hures de sanglier de sable.

(2) *de l'Isle :* de gueules, à la fasce d'argent, accompagnée de sept merlettes du même, 4 en chef et 3 en pointe.

(3) *Joly de Fleury :* écartelé, aux 1 et 4 d'azur, au lys d'argent ; au chef d'or, chargé d'une croix patée de sable ; aux 2 et 3 d'azur, au léopard d'or, armé de gueules.

(1) *Maillet* : d'azur, au chevron d'or, accompagné de trois maillets d'argent.

(2) *de Mailloc* : d'argent, à trois maillets de sinople.

(3) *de Malain* : parti, au 1 d'azur, au sauvage de carnation, tenant une massue d'or sur son épaule; au 2 d'argent, au lion de gueules.

(4) *de Maledent* : d'azur, à trois lions léopardés d'argent, l'un sur l'autre.

(5) *Malherbe* : d'hermine, à six roses de gueules.

(6) *de Marbeuf* : d'azur, à deux épées d'argent, passées en sautoir, et garnies d'or, les pointes en bas.

(7) *Marcel* : écartelé, aux 1 et 4 d'argent, à la croix patriarcale de sable; aux 2 et 3 d'or, à la bande d'azur, chargée de trois étoiles d'or.

(1) *de Lannoy* : d'argent, à trois lions de sinople, armés et lampassés de gueules et couronnés d'or.

(2) *de Loigny* : d'azur, à 3 quintefeuilles d'or, accompagnées de 7 billettes du même; 3, 1, 2 et 1.

(1) *le Mercier* : écartelé, aux 1 et 4 de gueules, à trois têtes de femme d'argent, posées de front; aux 2 et 3 d'azur, à la fasce d'or, accompagnée de 4 molettes d'éperon du même, trois en chef et l'autre en pointe.

(1) *Miron* : de gueules, au miroir arrondi d'argent, pommeté et cerclé d'or, et surmonté de 3 croissants d'argent.

(2) *de Moges* : de gueules, à trois aigles éployées d'argent, au vol abaissé.

(3) *de Montbosc* : d'argent, à trois fasces ondées d'azur.

(4) *de Montfaut* : de gueules, au chevron d'argent; à la bande d'or, chargée de trois fers de lance de sable, brochante sur le tout.

(1) *Nompère de Champagny* : d'azur, à trois chevrons brisés d'argent.

(2) *d'Orge* : de gueules, à trois étoiles d'argent.

(3) *d'Orléans de Longueville* : de France, au lambel d'argent ; et pour brisure, un bâton du même péri en bande.

(4) *d'Orléans de Rère* : d'argent, à trois fasces de sinople, accompagnées de sept tourteaux de gueules, 3 et 3 entre les fasces et 1 en pointe.

(1) *de Pardaillan* : écartelé, au 1er d'or, au château à trois tours de gueules, surmonté de trois têtes de maure de sable, tortillées d'argent, qui est *de Castillon*, en Médoc ; aux 2 et 3 d'argent, à 3 fasces ondées d'azur, qui est *de Pardaillan ;* au 4 d'or, à trois tourteaux de gueules, sénestrés d'une clef du même en pal, qui est *d'Antin ;* sur le tout d'argent, au lion de gueules, armé et lampassé d'azur, accompagné de sept écussons de sinople en orle, chargés chacun d'une fasce d'or, qui est *d'Espagne-Montespan.*

(2) *de Paris* : d'argent, à la fasce d'azur, chargée d'une étoile d'or et accompagnée de trois merlettes de sable.

(3) *du Peloux* : d'argent, au sautoir denché d'azur.

(4) *de Péronne* : d'or, à trois roses de gueules.

(1) *de Poissy :* losangé d'argent et de gueules.

(2) *de Pontallier :* de gueules, au lion d'or.

(3) *Potin :* d'argent, à la fusée d'azur, c compagnée de six merlettes de sable.

(4) *Poupart :* d'or, à l'aigle éployée de sable.

(1) *de Puygirault :* d'azur, à la croix d'or, cantonnée de vingt mouchetures d'hermine d'argent.

(2) *de Ragny :* de gueules, à 3 bandes d'argent.

(3) *de Refuge :* d'argent, à deux fasces de gueules; à deux bisses affrontées d'azur, brochantes sur le tout.

(4) *de Rieux :* d'azur, à dix besants d'or, 3, 3 et 1.

(1) *de la Roche*, en Bretagne : de gueules, à trois fers de lance émoussés d'or.

(2) *de la Roche-Fontenilles* : d'azur, à 3 rocs d'échiquier d'or.

(3) *de Rochefort*, en Bourgogne : d'azur, semé de billettes d'or; au chef d'argent, chargé d'un lion léopardé de gueules.

(4) *de Rohan-Montbazon* : de gueules, à 9 macles d'or, 3, 3 et 3.

(5) *de Rossillon* : de sable, à la croix d'argent.

(6) *de Roussillon* : d'azur, à l'aigle d'argent.

(1) *de Ruffey* : d'argent, au lion de sable, armé et lampassé de gueules.

(2) *Ruzé* : de gueules, au chevron fascé ondé d'argent et d'azur, accompagné de trois lionceaux d'or.

(3) *de Saint-Bonnet* : écartelé, aux 1 et 4 d'or, à trois fers de cheval de gueules, cloués d'or, qui est *de Montfarrier*; aux 2 et 3 de gueules, au lion d'or, qui est *de Saint-Bonnet*.

(4) *de Saint-Lary* : d'azur, au lion couronné d'or.

(5) *de Saint-Pierre* : d'or, à trois coqs dragonnés de sable.

(6) *de Sarsfield* : parti de gueules et d'argent; à la fleur de lys, partie d'argent et disable sur le tout.

(7) *de Sartine* : d'or, à la bande d'azur, chargée de trois sardines d'argent.

T.

(1) de Saulieu : fascé de quatre pièces de gueules, d'or, d'argent et d'azur.

(2) Il importe de rectifier ici une erreur qui s'est glissée pag. 60, lig. 4 ; au lieu de ces mots : Le comte Gaspard de Tavannes, il faut lire : Le comte Guillaume de Tavannes, (fils aîné du maréchal Gaspard de Tavannes).

de Saulx : d'azur, au lion d'or, lampassé et armé de gueules.

(3) de Serre : d'azur, au lion d'or, tenant une scie d'argent, emmanchée de gueules.

(4) Taitbout : d'azur, à la cloche d'ar-gent, bataillée de sable ; au chef cousu de gueules, chargé de trois étoiles d'or.

(1) de Thoisy : d'azur, à 3 glands d'or.

(2) de Tilly : d'or, à la fleur de lys de gueules.

(3) de Torcy, en Bourgogne : de gueules, à la bande d'argent.

(4) de la Tour du Pin : écartelé, aux 1 et 4 d'azur, à la tour d'argent, maçonnée de sable ; au chef cousu de gueules, chargé de trois casques d'or, tarés de profil ; aux 2 et 3 d'or, au dauphin d'azur, crêté et oreillé de gueules.

(5) de Tournemine : écartelé d'or et d'azur.

(1) de la Trémoïlle : d'or, au chevron de gueules, accompagné de trois aiglettes d'azur, becquées et membrées de gueules.

(2) le Valleton : d'or, au cœur de gueules, accompagné en chef d'une rose du même, et en pointe d'un croissant d'azur.

(3) de Vergy : de gueules, à trois quintefeuilles d'or.

(1) de Vermandois : échiqueté d'or et d'azur ; au chef d'azur, chargé de trois fleurs de lys d'or.

(2) de Verneuil : d'azur, au lion d'or, armé et couronné de gueules ; senestré de trois étoiles d'or au second canton.

(3) Viart : d'azur, à trois croix potencées d'or ; au chef d'argent.

(4) de Villars : d'hermine, au chef de gueules, chargé d'un lion issant d'argent.

(5) Villedieu : d'or, au chevron d'azur, accompagné de trois macles de gueules.

FIN DE LA TABLE GÉNÉRALE.

SUITE DE LA GÉNÉALOGIE DE LA FAMILLE JULLIEN.

BRANCHE DES SEIGNEURS et MARQUIS DE MONS, *en Languedoc* (*).

III. Pierre de JULLIEN, Ier du nom, écuyer, second fils de Guillaume Jullien, IIe du nom, l'un des secrétaires des commandements du roi en 1319, et neveu de Pierre de Jullien (1), garde du trésor des chartres du roi et secrétaire de la chambre des comptes de Paris, était, comme on l'a établi page 9 de la généalogie, l'un des 300 hommes d'armes à cheval aux gages du roi de France, Philippe de Valois, qui, sous les ordres de Gaston III, comte de Foix et vicomte de Béarn, furent employés, en 1345, avec 1,000 sergents à pied, à la garde des frontières de France, particulièrement en Languedoc, où Gaston III fut établi lieutenant de roi, avec le baron de l'Isle-Jourdain, par lettres du 31 décembre 1347 (2). Pierre de Jullien se fixa en Languedoc et eut pour fils autre Pierre de Jullien qui suit.

IV. Pierre DE JULLIEN, IIe du nom, écuyer, licencié ès-lois (3) et juge-mage (lieutenant-général) de la sénéchaussée de Beaucaire

---

(*) Les détails généalogiques relatifs à cette branche auraient dû être placés dans la généalogie de la famille Jullien, à la suite de ceux qui concernent la branche des seigneurs de Villeneuve, branche qui se termine à la page 68.

(1) La signature de ce Pierre de Jullien, mise à la suite de celle des *lettres-royales* de Philippe de Valois, qui est datée du mois de mars 1327, et qui se trouve transcrite p. 502 du t. XII de la collection des *Ordonnances des rois de France,* est P. JULIANI.

(2) *Art de vérifier les dates,* édition de 1818, in-8°, t. IX, p. 443.

(3) L'étude des lois était très-estimée dès les treizième et quatorzième siècles, même parmi les personnes de haute condition, qui se regardaient comme honorées du titre de jurisconsulte. On voit, entr'autres, un Richard de la Tour, qui se qualifie damoiseau et jurisconsulte dans une transaction à laquelle il fut présent, et qui fut passée, au mois de février 1270, entre Déodat de Canillac et les religieux de l'hôpital d'Aubrac (*Histoire de Languedoc,* par D. Vaissette, t. III, p. 527.)

18

et de Nîmes, occupait cette place dès avant l'année 1367, à l'époque où Guillaume Jullien, III du nom, son oncle, successeur
de Guillaume Jullien, II du nom, dans les fonctions de secrétaire des commandements du roi, remplissait en même temps
celles de grand-audiencier de France, ainsi qu'on l'a annoncé
dans la note mise au bas de la page 51 de la généalogie. Amédée
de Baux était alors sénéchal de Beaucaire (1). Les guerres et d'autres fléaux avaient dépeuplé depuis quelques années plusieurs
cantons du Languedoc : et, sur la demande de quelques commu-
nautés des sénéchaussées de Beaucaire, Carcassonne et Toulouse,
le roi Jean, par lettres datées du mois de mai 1362, avait ordonné
une vérification exacte du nombre de feux existant dans chaque
lieu (2). Ce prince nomma des commissaires pour cette opération,
et elle se continua sous les deux règnes suivants. Pierre de Jullien
fut nommé par Charles V l'un de ces commissaires pour constater les feux de Bernis et d'Albon, dans le diocèse de Nîmes, par
lettres datées du mois de juin 1372 et insérées textuellement dans
la collection des Ordonnances des Rois de France, t. V, p. 487 (3).
Louis, duc d'Anjou, frère de ce monarque et son lieutenant en
Languedoc, avait donné à Pierre de Jullien une commission semblable pour la ville de Montpellier, par lettres datées du mois d'août
1367, rappelées en celles données par Charles V au mois d'août
1373, pareillement insérées dans le même tome de la collection
des Ordonnances, p. 636 (4). Pierre de Jullien eut pour fils autre
Pierre de Jullien, qui suit.

_____

(1) *Histoire de Languedoc*, t. IV, p. 340.

(2) *Ibid.*, p. 317.

(3) » Carolus, etc. Notum, etc. Quod cùm ex parte, etc.
» Cumque factâ quâdam informatione, virtute certarum litterarum regiarum, in
» locis de Bernicio et de Albonio, Senescalliæ Bellicadri et Nemausi, super verò
» numero focorum modernorum in dictis locis nunc existentium, per dilectum
» nostrum magistrum PETRUM JULIANI, licentiatum in legibus, judicem majorem
» dictæ Senescalliæ Bellicadri et Nemausi, commissarium in hâc parte per dic-
» tas litteras deputatum, etc.
» Actum Parisiis, mense junii, anno Domini millesimo trecentesimo septuage-
» simo secundo et regni nostri nono. Per consilium, etc.

                                                  P. DE CHASTEL.

(4) » Carolus, etc. Notum, etc. Quod cùm ex parte, etc.
» Cumque factâ quâdam informatione, virtute litterarum carissimi fratris et

V. Pierre DE JULLIEN, écuyer, IIIe du nom, résidait, comme son père, à Beaucaire, à l'époque où Guillaume Jullien, cousin-germain de Pierre, IIe du nom, et nommé n° 11 de la généalogie, fut appelé, conjointement avec Guillaume de Saulien, à la signature d'un compromis que Philippe le Hardi, duc de Bourgogne, fit souscrire le 25 juillet 1395, par Jean de Châlons, seigneur baron d'Arlay, prince d'Orange, et Humbert de Villars, entre lesquels il s'était élevé une contestation relativement à la possession du comté de Genève. Jean de Châlons avait des prétentions sur ce comté du chef de Marie de Baux, sa femme, fille de Raimond de Baux, prince d'Orange, et de Jeanne de Genève. Pierre de Jullien laissa pour fils Guillaume, qui suit.

N....

VI. Guillaume DE JULLIEN, IVe du nom, écuyer, né vers l'année 1425, et marié vers 1460, a eu pour fils autre Guillaume de Jullien, qui suit.

N....

VII. Guillaume DE JULLIEN, V^e du nom, écuyer, a épousé vers l'an 1500, Hélène DE NERPO, dame de Mons, du chef de laquelle il devint seigneur de la terre de Mons, située en Languedoc, près Alais, dans le ressort de la sénéchaussée de Beaucaire, terre dont les descendants de Guillaume de Jullien ont tous porté le nom et qu'ils ont possédée jusqu'en 1810. Hélène de Nerpo était petite-fille d'Artaud de Nerpo, seigneur de Chalamont, puis de Mons (1) du chef de sa seconde épouse Guicharde MITTE, fille de Guillaume

DE NERPO :

MITTE : d'argent, au sautoir de gueules ; à la bordure de sable, chargée de fleurs de lys d'or.

» locum tenentis nostri in partibus Occitanis (Languedoc) Ludovici, ducis Ande-
» gavensis, anno M. DDD. LXVII, mense Augusti concessarum in villâ et loco Mon-
» tispessulani Senescalliæ Bellicadri et Nemausi, super vero numero focorum in
» dicto loco et villâ existentium per dilectum nostrum magistrum PETRUM JULLIANI,
» in legibus licentiatum, judicem majorem dictæ Senescalliæ Bellicadri et Ne-
» mausi, commissarium in hâc parte per dictas litteras deputatum, etc.

» Actum Parisiis, mense Augusti, anno Domini millesimo trecentesimo septua-
» gesimo tertio, regnique nostri decimo. Per consilium, etc.

P. DE CHASTEL.

(1) Masures de l'abbaye de l'Ile-Barbe, par le Laboureur, t. II, p. 191.

DE MALVOISIN :
d'or, à la fasce ondée
de gueules.

Mitte, seigneur de Mons (1), et de Catherine DE MALVOISIN, héritière du fief de Chevrières (2).

Guillaume de Jullien a eu pour fils Jean de Jullien, qui suit.

DE NEGRON :
d'argent, à la tête
de maure de sable.

VIII. Jean DE JULLIEN, seigneur de Mons du chef de sa mère, fut nommé l'un des membres du parlement que Guillaume VII de Châlons, prince d'Orange, avait institué à Orange en l'année 1469 (3), et y remplit les fonctions de conseiller jusqu'en l'année 1564 (4). Il avait épousé, par contrat en langue latine passé devant notaire à Avignon, le 1er août 1534, et où il est qualifié *egregius*, Hélène DE NEGRON (5); et il fit son testament, le 16 août 1566, en faveur de Sébastien de Jullien, son fils, qui suit.

DE NAGU :
d'azur, à trois lo-
sanges d'argent en
fasce.

DAMAS :
d'or, à la croix an-
crée de gueules.

DE BOURBON - MA-
LAUSE :
d'argent, à la bande
d'azur, semée de
fleurs de lys d'or, et
un filet de gueules
sur le tout, aussi en
bande.

DE DURFORT-DURAS :
écartelé, aux 1 et 4
d'argent, à la bande
d'azur, qui est de
Durfort; aux 2 et 3
de gueules, au lion
d'argent, qui est de
Lomagne.

D'ALBON :
de sable, à une croix
d'or.

DE MAUBEC :
d'or, à deux léopards
d'azur, posés l'un sur
l'autre.

(1) C'est à la maison Mitte de Chevrières qu'ont appartenu 1° Jeanne Mitte de Chevrières, épouse de Philibert *de Nagu*, seigneur de Varennes, baron de Lurcy, dont la fille, Melchionne de Nagu, a été mariée, le 20 décembre 1573, avec François *Damas*, Ier du nom, seigneur de la Bastie, du Rousset, de la Pilonnière et autres lieux. (*Histoire des Grands-Officiers de la Couronne,* t. VIII, p. 336);

2°. Jacques Mitte, comte de Miolans, seigneur de Chevrières et de Saint-Chamond, conseiller d'état, capitaine de 50 hommes d'armes, lieutenant-général au gouvernement du Lyonnais, et nommé chevalier de l'ordre du Saint-Esprit le 2 janvier 1590. (*Ibid.,* t. IX, p. 126);

3°. Melchior Mitte de Miolans, fils de Jacques, dont on vient de parler, lequel Melchior a été ministre d'état, lieutenant-général des armées et au gouvernement de Provence, et ambassadeur extraordinaire à Rome, et a été, comme son père, chevalier de l'ordre du Saint-Esprit, auquel il a été promu le 31 décembre 1619. (*Ibid.,* t. IX, p. 147);

4°. Enfin Marie-Hyacinthe Mitte de Chevrières, première femme de Guillaume-Henri de *Bourbon*, marquis de *Malause*, vicomte de Lavedan, etc., brigadier des armées du roi, fils de Louis de Bourbon, marquis de Malause, et de Henriette de *Durfort-Duras*. Marie-Hyacinthe Mitte de Chevrières est décédée en 1691. (*Ibid.,* t. X, p. 321, et t. IX, p. 112.)

(2) Artaud de Nerpo avait épousé, en premières noces, Blanche d'*Albon*, fille de Louis d'Albon, chevalier, et de Marguerite de *Maubec*. (*Ibid.,* t. VII, p. 194.)

(3) *Art de vérifier les dates,* in-8°, t. X, p. 442.

(4) Certificat du commis au greffe du parlement d'Orange, daté du 6 novembre 1693, qui atteste qu'en 1564 Jean de Jullien était conseiller en cette cour.

(5) Hélène de Negron descendait de Pierre, seigneur de Negron, dont la fille,

IX. Sébastien DE JULLIEN, seigneur de Mons, testa devant notaire à Orange, le 29 mars 1602, et institua ses enfants ses héritiers universels, entr'autres Paul de Jullien, son fils aîné. Il laissa trois fils :

N....

1°. Paul, dont l'article suit;

2°. Jean de Jullien;

3°. Gédéon de Jullien, qui eut pour fils :

Gédéon, mentionné dans le testament de Paul de Jullien, son oncle, du 9 août 1643. Il épousa Françoise DE CARITAT, fille d'Antoine de Caritat de Condorcet (1), et de laquelle il eut deux fils :

a. Jean de Jullien, qui mourut en 1730. Il était capitaine au régiment de la Vieille-Marine et chevalier de l'ordre royal et militaire de Saint-Louis. Il s'était marié avec N... DE BERNARDI (2), fille d'Esprit de Bernardi, vicomte de Valernes, et de Jeanne DE L'ENFANT, issue des seigneurs de Peiresc (3).

b. Jacques de Jullien, qui se distingua par sa bravoure et sa sagesse dans les guerres civiles et étrangères. Il était depuis plusieurs

---

Perrette de Negron, a été la première femme de Jean de Maillé, seigneur de la Roche-Bourdeuil, de Narsay, et autres lieux, et est décédée avant l'année 1389. (Histoire des Grands-Officiers de la Couronne, t. VII, p. 510.)

(1) La maison de Caritat, l'une des plus anciennes de la principauté d'Orange, et dont les membres prenaient, dès l'année 1320, la qualité de nobles et puissants vis-à-vis du dauphin de Viennois, et des barons de Mérouillon, qui étaient souverains, a donné plusieurs prélats recommandables, notamment Fouquet de Caritat, grand-prieur de Toulouse, lors du siège de Rhodes en 1522, N... de Caritat, évêque d'Orange en 1447, et Jacques-Marie de Caritat de Condorcet, évêque de Lisieux en 1761, lequel a eu pour neveu le célèbre académicien, Marie-Jean-Antoine-Nicolas de Caritat, marquis de Condorcet. (Dictionnaire de la Noblesse, par la Chesnaye des Bois, t. III, p. 510.)

(2) Pompée Bernardi, l'un des ancêtres d'Esprit de Bernardi, a épousé Claire de Simiane, fille de Claude de Simiane de la Coste, conseiller au parlement de Provence en 1567, et de Catherine de Valeria. (Histoire des Grands-Officiers de la Couronne, t. II, p. 258.)

(3) La maison de l'Enfant, originaire de la province d'Anjou, et dont un des premiers auteurs a été Ambroise l'Enfant, qualifié noble et puissant seigneur dans les actes, et qui a épousé, en 1399, Guillemette de Tubœuf, a formé en Provence trois branches qui y ont possédé la vicomté de Valernes et la seigneurie de Peiresc. (Dictionnaire de la Noblesse, t. VI, p. 21.)

années au service du duc de Savoie, lorsqu'il y obtint un régiment d'infanterie. Il se fit remarquer à la défense de la Savoie,
et particulièrement à celle de Coni en 1691. Étant passé quelque
temps après au service de France, il fut créé brigadier des armées du roi par brevet du 28 avril 1694. Il servit, en cette même
année et dans la suivante, à l'armée du Piémont, où l'on se tint
sur la défensive, et il se trouva au siège de Valence en 1696.
Il fut employé en Provence, par lettres du 7 mai 1697, et à l'armée
d'Allemagne, par autres lettres du 21 juin 1701. Il reçut, le 22 avril
1702, l'ordre de servir dans l'armée de Flandre, contribua à la
défaite des troupes hollandaises près de Nimègue, et commanda
à Bruges, sous le comte de la Mothe, pendant l'hiver de 1702 à
1703. En récompense de ses services, il fut nommé maréchal-de-
camp le 23 décembre 1702. Il commanda en cette qualité une
partie des troupes envoyées contre les religionnaires des Cévennes. Ce fut à Versailles qu'il reçut, le 5 janvier 1703, les ordres
du roi à cet égard ; et, le 8 du même mois, quoiqu'il n'eût servi
que dix ans dans les troupes françaises, et que le roi ne reçût
plus de chevaliers de l'ordre de Saint-Louis, qui n'eussent servi
vingt ans au moins, S. M. le fit chevalier de cet ordre (1). Jacques de Jullien se signala dans plusieurs expéditions contre les re-
belles, fut promu au grade de lieutenant-général des armées le
31 octobre 1704, continua de servir dans les Cévennes jusqu'en
1708, et mourut en 1711 (2).

X. Paul de Jullien, seigneur de Mons, d'abord conseiller au
parlement d'Orange, en vertu de provisions expédiées en sa faveur
le 9 janvier 1610, puis conseiller-avocat et procureur-général au
même parlement, épousa Antoinette de Simondi (3). Il reçut, sous
la date du 23 juin 1630, des lettres de sauvegarde du roi Louis XIII,
lettres dans lesquelles S. M. s'exprime de la manière la plus
honorable pour lui sur les services que Jean et Gédéon, ses frères,
et lui, avaient rendus, tant à Sa Majesté personnellement, qu'au
feu roi Henri IV, son auguste père. Paul de Jullien testa le 9 août
1643, fit un legs à Gédéon de Jullien, son neveu, et institua son

(1) Mémoires du marquis de Dangeau, t. II, pp. 359 et 360.

(2) Chronologie historique militaire, par Pinard, t. IV, p. 603; Gazette de
France.

(3) Histoire des Grands-Officiers de la Couronne, t. VII, p. 421.

héritier universel Pierre de Jullien, son fils aîné. Il laissa trois enfants et [...] il se fit remarquer à la défense de la Saralde [...] et particulièrement à celle de Gua au 1591. [...]

2°. Pierre, dont l'article suit [...] au service [...]

Dorothée de Jullien, mariée avec N..., seigneur DE RIPERE;

3°. Marguerite de Jullien, qui épousa, le 1 février 1649, François DE LAUZIÈRES (1), seigneur de Saint-Guiraud, fils de Charles de Lauzières, seigneur de Saint-Guiraud, et de Louise DE PLUVINEX. François de Bosquet, évêque de Lodève, donna la bénédiction nuptiale à Marguerite de Jullien. [...] l'ordre de servir dans l'armée de Ch[...]

XI.[e] Pierre DE JULLIEN DE MONS, IVe du nom, seigneur d'Escaupon, conseiller du roi au parlement de Toulouse et en la chambre de l'édit de Castres, épousa, le 18 mai 1647, Blanche DE FALGUEROLLES (2), qui, en 1685, convola en secondes noces avec N.... DE FAURE, seigneur de Roumeneck, et qui était fille de Guillaume de Falguerolles, Ier du nom, et d'Elisabeth DE MARBAUT. Pierre de Jullien testa le 14 septembre 1655, et fut tué au château d'Escaupon, le 9 août 1659, par la chute d'une poutre du pont-levis de ce château (3). Ses enfants furent:

1°. Pierre de Jullien. Il quitta la France, en 1685, pour cause de religion;

2°. François, dont l'article suit;

3°. Gédéon de Jullien, mort hors du royaume en 1695;

(1) *Histoire des Grands-Officiers de la Couronne*, t. VII, p. 421, où par une faute typographique le père de Marguerite est appelé François. [...] ancienne et illustre maison de Lauzières, qui a donné des chevaliers des Ordres du Roi et maréchal de France dans la personne de Pons de Lauzières-Thémines de Cardaillac, décédé le 1er novembre 1627, a pour premier auteur connu Fregard, seigneur de Lauzières en 1168. (*Dictionnaire de la Noblesse*, t. VIII, p. 582.) C'est à cette maison qu'appartient Alexandre-François-Amédée-Adon-Anne-Louis-Joseph de Lauzières-Thémines, sacré évêque de Blois le 6 octobre 1776.

(2) La famille de Falguerolles a tiré son nom du château de Falguerolles, en la paroisse de Colognac, diocèse d'Alais, château détruit et incendié avec tout ce qui s'y trouvait renfermé pendant les guerres civiles. Ce fait est prouvé par un arrêt du conseil du 9 février 1624, qui a maintenu cette famille dans sa noblesse et a attesté que tous ses titres avaient péri dans l'incendie de ce château. (*Dictionnaire de la Noblesse*, t. VI, p. 238.)

(3) *Histoire des Grands-Officiers de la Couronne*, t. IX, p. 396.

DE TOULOUSE-LAU-
TREC : écartelé, aux 1 et 4 de gueules, à la croix vidée,cléchée et pommetée d'or, qui est *de Toulouse ;* aux 2 et 3 de gueules, au lion d'or, qui est *de Lautrec.*

DE CAMBEFORT : de gueules, au levrier rempant d'argent, colleté d'or.

ALARY : écartelé , aux 1 et 4 d'azur, au coq d'or ; aux 2 et 3 de gueules, au chef d'or, chargé d'un coq de gueules.

DE BOUBLA : écartelé , aux 1 et 4 d'azur, à la tour d'argent, maçonnée, ouverte et ajourée de sable; au chef cousu de gueules , chargé de trois casques d'orle, et tarés de profil; aux 2 et 3 d'or, au dauphin d'azur, crêté et oreillé de gueules.

DE LA TOUR DU PIN :

DE FRANCE : d'azur, semé de fleurs de lys d'or.

4°. Jacques de Jullien, sieur de la Motte, décédé aussi hors du royaume en 1694;

5°. Philippe de Jullien, qui, du chef de sa mère, hérita de la terre de Roumeneck et la légua à son neveu, François-Philibert de Jullien de Mons, fils de François. Son testament est daté de 1719;

6°. Dorothée de Jullien, seconde femme d'Alexandre DE TOULOUSE-LAUTREC (1), Ier du nom, vicomte de Lautrec en partie, baron de Montfa, seigneur de la Ferraye, de Veynes et de Griffoul, qui était veuf, en premières noces, de Catherine DE CAMBEFORT, qu'il avait épousée, par contrat du 7 mars 1650, et qui était fille de Julien de Cambefort, seigneur de Selve;

7°. Françoise de Jullien, qui épousa N... ALARY, et qui, après avoir perdu son mari, se fit religieuse en 1694. Elle a eu pour fille Blanche Alary, mariée avec N... DE BOUBLA, conseiller au parlement de Toulouse.

XII. François DE JULLIEN DE MONS D'ESCAUPON, seigneur de Saint-Laurent-de-la-Vernède, de la Brugnière, de Bouquet, de Lavalus, etc., qui est décédé en 1721, avait été institué héritier par son père, et avait épousé 1° le 2 mai 1682, Louise DE LA TOUR DU PIN DE LA CHANCE DE GOUVERNET DE MALÉRARGUES (2), fille de François

(1) L'origine des premiers vicomtes de Lautrec, de même que celle de la plupart des maisons sorties des grands feudataires de la couronne, se perd dans l'obscurité des huitième et neuvième siècles. Aton, Ier du nom, vicomte dans le Toulousain, au milieu de ce dernier siècle, est le premier auteur connu des vicomtes de Lautrec de la première race. Ceux de la seconde race, existants aujourd'hui, et qui ont succédé à tous les domaines de la première, tirent leur origine directe et masculine de la maison souveraine des comtes de Toulouse. Baudoin de Toulouse, fils de Raimond V, comte de Toulouse, et de Constance de France, fille du roi Louis le Gros, épousa, vers 1196, Alix, vicomtesse de Lautrec, héritière de la branche aînée de sa maison. C'est de ce même Baudoin de Toulouse qu'est descendu Alexandre de Toulouse-Lautrec, époux de Dorothée de Jullien. Tous ces faits sont établis dans la généalogie de la maison de Toulouse-Lautrec, insérée au t. Ier de l'*Histoire généalogique des Pairs de France,* etc., imprimée à Paris en 1822. On peut consulter aussi pour le mariage de Dorothée de Jullien l'*Histoire des Grands-Officiers de la Couronne,* t. II, p. 570.)

(2) La maison de la Tour du Pin, l'une des plus anciennes et des plus illustres du royaume, tire son nom de la baronnie indépendante de la Tour en Dauphiné, dont la ville de la Tour du Pin était le chef-lieu, et son origine de la maison de la Tour d'Auvergne, descendante des ducs d'Aquitaine. Son premier auteur connu a été Géraud de la Tour d'Auvergne, seigneur de la Tour du Pin, dans le Viennois,

de la Tour du Pin de la Charce, seigneur de Malerargues, de Mons, de Vaquières, de Lavalus, etc., et de Françoise DE MONTCALM-GO-ZON (1); 2° le 9 novembre 1689, Madelaine DE PRUNET-DE-BOISSET-DE-MONTMAYRAN (2), fille d'Antoine de Prunet, seigneur de Boisset, et de Marie PETIT. François de Jullien a été maintenu dans sa noblesse d'extraction, tant par jugement rendu par M. de Lamoignon de Basville, intendant en Languedoc, le 21 novembre 1697, que par arrêt du 24 mai 1699, prononcé, sur le rapport de M. Lefèvre de Caumartin, conseiller d'état, par les commissaires-généraux députés par le Roi pour l'exécution de sa déclaration du 4 septembre 1696. François de Jullien a eu pour enfants :

Du premier lit :

1°. François-Philibert, dont l'article suit ;

2°. Philippe-Louis de Jullien de Lavalus, capitaine de grenadiers au régiment de Forez, qui fut tué le 28 juin 1747, au siège de Vintimille ;

3°. Joseph de Jullien de la Brugnière, qui était premier capitaine du régiment d'Auvergne et chevalier de l'ordre royal et militaire de Saint-Louis, lorsqu'il quitta le service en 1733 ;

---

et vicomte de Vienne par son mariage avec Gausberge, fille de Berilon, vicomte de Vienne, qui vivait en 990. Berilon ou Berlion Ier de la Tour, fils de Géraud, aussi seigneur de la Tour du Pin et vicomte de Vienne, qui vivait l'an 1004, est la tige de toutes les branches éteintes ou existantes de la maison de la Tour-du-Pin. (*Dictionnaire de la Noblesse*, in-8°, imprimé en 1820, t. II, p. 577.)

(1) Françoise de Montcalm était fille de Louis de Montcalm, IIe du nom, seigneur de Saint-Véran, Gozon et autres lieux, conseiller en la chambre de l'édit de Castres, puis conseiller d'état, et d'Isabeau *de Bossuges*.

La maison de Montcalm, l'une des plus anciennes et des plus distinguées du Rouergue, remonte à Simon de Montcalm, seigneur du Viala et de Cornus, qui existait dans le douzième siècle. (*Dictionnaire de la Noblesse* de la Chesnaye des Bois, t. X, p. 290.)

(2) La maison de Prunet appartient à l'ancienne noblesse du Vivarais. Claude de Prunet, fils de noble Louis de Prunet, a épousé, le 13 janvier 1434, Guinette *de Chanaleilles*, fille de Valentin de Chanaleilles, damoiseau, co-seigneur de Vals, du Pin, de la Valette et d'Ucel, près d'Aubenas, qui, en 1582, accompagna Louis d'Anjou dans l'expédition que ce prince fit en Italie pour monter sur le trône de Naples. Marguerite de Prunet a été mariée avec Gaspard *d'Agrain*, seigneur des Ubaz, dont la fille, Claude d'Agrain, a épousé, par contrat du 26 juillet 1556, Hilaire de Chanaleilles, seigneur du Pin et de la Valette.

DE MONTCALM-GOZON : écartelé, au 1 d'azur, à 3 colombes d'argent, becquées et membrées de gueules ; aux 2 et 3 de sable, à la tour surmontée de trois tourelles d'argent ; et au 4 de gueules, à la bande d'azur, bordée d'argent, et une bordure componée de billettes d'argent, qui est *de Gozon*.

DE PRUNET DE BOISSET : de gueules, à 3 têtes de licorne d'argent, les 2 en chef affrontées.

PETIT : d'azur, au lion d'or.

DE BOSSUGES : de gueules, au taureau d'or, passant au pied d'un chêne d'argent à deux branches passées en sautoir.

DE CHANALEILLES : d'or, à trois levriers courants l'un sur l'autre de sable, colletés d'argent.

D'AGRAIN : d'azur, au chef d'or.

19

Du second lit :

4°. Antoine de Jullien, institué héritier par son père;

5°. Pierre de Jullien de Boisset, lieutenant-colonel d'infanterie et capitaine de grenadiers au régiment d'Auvergne, qui, le 5 mai 1747, se couvrit de gloire à l'attaque du château de Hulst (1), dans la Flandre hollandaise. Cette place s'étant rendue six jours après, Pierre de Jullien en fut fait lieutenant de roi.

XIII. François Philibert DE JULLIEN DE MONS D'ESCAUPON, seigneur de Mons, de Malerargues, de Saint-Just, de Vaquières, d'Yeuzet, de Montels, de Rodilhan, de Celas, de Marvejols, de Lavalus, et de Bouquet, fit deux campagnes en Italie, en qualité d'enseigne au régiment de la Vieille-Marine. Il épousa, le 5 août 1709, Olympe DE FABRIQUE. De ce mariage sont issus:

1°. Jacques-Joseph, dont l'article suit;

2°. François-Philibert de Jullien de Malerargues, capitaine au régiment de Normandie et chevalier de l'ordre royal et militaire de Saint-Louis, qui le 7 juin 1741, épousa Blanche-Marie-Madelaine DE CARBAGNOL;

3°. N.... de Jullien d'Escaupon, tué, en 1734, à la bataille de Parme, étant alors lieutenant au régiment de Bassigny, infanterie.

XIV. Jacques-Joseph DE JULLIEN DE SAINT-JUST, marquis DE MONS, né le 1er août 1716, se retira du service avec le grade de capitaine au régiment de Normandie et fut nommé chevalier de l'ordre royal et militaire de Saint-Louis. Il fit devant M. Antoine-Marie d'Hozier de Sérigny, juge d'armes de la noblesse de France, ses preuves d'ancienne noblesse par actes authentiques produits et relatés dans le certificat que M. d'Hozier lui délivra le 11 juillet 1786.

(1) M. de Roussel, dans les *Essais hist. sur les régiments*, au volume qui traite de l'histoire de celui d'Auvergne (Paris, in-12, 1767), dit, page 275, en parlant de cette affaire: « M. de Jullien s'y couvrit de gloire. L'officier-général commandant « la tranchée, lui donnant, quelques heures auparavant, une instruction très-« longue et très-détaillée sur la manière dont il devait attaquer le poste: *Je ne vous entends pas,* interrompt M. de Jullien, *il faut vaincre, c'est, je crois, tout ce que vous voulez dire, je le ferai.* » Belle et noble impatience, qu'il justifia par le succès!

(*Voyez* le n° 1er des pièces justificatives mises à la suite de la généalogie). Par lettres patentes datées du mois de mars 1788, (*Voyez* le n° 2 des pièces justificatives), Jacques-Joseph de Jullien obtint de S. M. le roi Louis XVI, en considération de sa naissance, de ses alliances, de ses qualités personnelles et des services militaires rendus par sa famille, l'érection en marquisat pour lui et pour ses descendants de la terre de Mons et des terres de Saint-Just, de Vacquières, d'Euzet ou d'Yeuzet, de Montels, de Bouquet, de Lavalus, de Malerargues, de Rodilhan et de Luc, qu'il possédait aussi près celle de Mons, et qui ont formé, en vertu de ces mêmes lettres patentes, une seule terre et seigneurie sous le titre de marquisat de Mons. Il épousa Marie-Catherine DE CHAZELLES, fille de N..... de Chazelles, enseigne au régiment de dragons, qui portait le nom de son oncle, maréchal général des logis de l'armée du roi en Espagne, et d'Amélie DU ROURE. De ce mariage est issu Antoine-François-Philibert, dont l'article suit.

XV. Antoine François-Philibert DE JULLIEN, marquis DE MONS, né le 20 juin 1765, fut officier au régiment des Gardes-Françaises avec rang de lieutenant-colonel d'infanterie. Le 19 décembre 1783, il épousa Louise-Pauline DE LOUET DE MURAT DE NOGARET DE CALVISSON (1), fille d'Anne-Joseph de Louet de Murat de Nogaret, chevalier, marquis de Calvisson, seigneur de Massillargues, baron des états de Languedoc et lieutenant de roi de cette province, et de Jeanne Pauline DU CHEYLA sa seconde femme (2), morte en 1823.

(1) La maison de Louet, l'une des plus distinguées de la province de Languedoc, remonte à Jean de Louet, Ier du nom, chevalier, chambellan du roi Charles VI, dont le fils, Louis de Louet, chambellan de Charles VII, épousa 1°, en 1409, Marguerite *de Murat*, fille de Renaud, IIIe du nom, vicomte de Murat, et de Blanche *d'Apchier*, dame de Saint-Auban, de Calvisson, de Marvejols, etc.; 2°, le 2 septembre 1475, Jeanne *d'Adhémar*, fille de Gérard d'Adhémar, baron de Grignan, etc., et de Blanche *de Pierrefont de Ganges*. (*Dictionnaire de la Noblesse*, par la Chesnaye des Bois, t. IX, p. 168.)

(2) Sa première épouse était Gabrielle-Thérèse *de Fortia*, avec laquelle il s'était allié, par contrat du 4 septembre 1753, et qui mourut en 1758. Elle était fille de Gaspard de Fortia de Pol, IIe du nom, marquis de Montréal, seigneur

---

DE CHAZELLES : d'azur, à la tête de lion d'or, affronté, la passé de gueules; au chef de gueules, chargé d'une étoile et d'un croissant d'argent.

DU ROURE : d'argent, au chêne de sinople, englanté à or.

DE LOUET : palé de gueules et d'azur, semé de roses d'argent, qui est *de Louet* ; et sur le tout un écusson d'argent, chargé d'un noyer arraché de sinople, qui est *de Nogaret.*

DE MURAT : d'or, à trois fasces murailles d'azur.

D'APCHIER : d'or, au château de gueules, donjonné de trois pièces, maçonné de sable ; les deux donjons à dextre et à senestre sommés d'une hache d'armes de sable, dont la tranche est tournée vers le bord de l'écu.

D'ADHÉMAR : mi-parti *de France* ancien et *de Toulouse* ; et sur le tout d'or, à trois bandes d'azur.

DE PIERREFORT : d'or, à la bordure de gueules.

DE FORTIA : d'azur, à la tour d'or, crénelée et maçonnée de sable, posée sur un rocher de 7 coupeaux de sinople, mouvant du bas de l'écu.

JULLIEN

Louise-Pauline de Louet de Murat de Calvisson est décédée à Alais au mois de juillet 1824. Le marquis de Mons en a eu quatre enfants :

DE JODENNE : d'azur, à trois croisettes potencées d'argent.

DE GUÉROULT : de gueules, à la face d'or, accompagnée de 3 fermaux du même.

DE SOLIER : d'azur, à la bande d'argent, chargée de trois roses de gueules, et accompagnée de deux étoiles d'or; au chef d'argent.

D'HOMBRES : d'azur, à la tour d'or, crénelée ; au chef de gueules, chargé d'une étoile d'argent.

DE FIRMAS DE PÉRIÈS : écartelé, aux 1 et 4 d'argent, à 3 poiriers arrachés de sinople, qui sont de Périès ; aux 2 et 3 d'or, à l'aigle éployée de sable, chappée parti d'azur et de gueules, à une fleur de néflier, à cinq feuilles d'or et d'argent de l'un en l'autre pour Cappel ; sur le tout d'argent, à trois points d'hermine de sable, qui sont de Firmas ; au chef cousu du champ avec une fleur de lys d'or, à enquerre.

DE WALDBOURG : écartelé, aux 1 et 4 d'or, à 3 lions léopardés de sable, lampassés, armés et couronnés de gueules, qui sont de Souabe ; au 2 d'azur, à trois pommes de pin d'or, qui est de Thann ; au 3 d'azur, à une colline de 3 coupeaux de sable, surmontée d'un soleil d'or, qui est de Sonnenberg ; au chef des écartelures, de gueules, au globe impérial d'or, pour marque de la dignité de grand-maître d'hôtel de l'Empire, héréditaire dans la maison de Walcbourg.

1°. Joseph-Paul-François-Amédée, dont l'article suit ;

2°. Augustine-Pauline-Susanne-Eugénie de Jullien, née le 20 septembre 1789, et mariée avec Jean-René DE JODENNE, comte D'ESCRIGNY, ancien aide-de-camp de feu Mgr le prince de Condé, maréchal des camps et armées du roi, et commandeur de l'ordre royal et militaire de Saint-Louis ;

3°. Marie-Charlotte-Justine-Zoé de Jullien, née le 20 décembre 1790, et mariée, le 26 avril 1809, à Louis-Charles-Marie DE GUÉROULT DE BOISROBERT, chevalier de l'ordre royal et militaire de Saint-Louis ;

4°. Antoinette-Joséphine-Agathe de Jullien, née le 28 avril 1792, et mariée, le 29 novembre 1824, avec Daniel-Marguerite DE SOLIER, sous-inspecteur des eaux et forêts.

XVI. Joseph-Paul-François-Amédée DE JULLIEN, marquis DE MONS, né le 12 juillet 1785, s'est retiré du service avec le grade de lieutenant de cavalerie, et a épousé, le 24 avril 1820, Adèle-Louise-Rosalie D'HOMBRES, fille de Louis-Augustin, baron d'Hombres, chevalier de l'ordre royal de la Légion d'honneur, membre de plusieurs sociétés savantes françaises et étrangères, et de Victoire-Françoise-Caroline DE FIRMAS DE PÉRIÈS (1). Leurs enfants sont :

_____

(1) La maison de Firmas de Périès possède de toute ancienneté la seigneurie de Périès, dont le château, très-fort d'assiette, forme une des principales clefs des Cévennes. Le chef actuel de cette maison, oncle de Victoire-Françoise-Caroline de Firmas de Périès, est Armand-Charles-Daniel, comte de Firmas-Périès, maréchal des camps et armées de S. M. T. C., chevalier de l'ordre royal et militaire de Saint-Louis, chambellan, grand-maître et conseiller intime privé du feu roi de Wurtemberg, et grand-croix capitulaire de l'ordre royal-équestre-militaire de Saint-Michel de Bavière. Il a été créé comte par ordonnance du roi de France du 30 mars 1816, et a reçu de Sa Majesté, en récompense de ses services et de son dévouement, la concession d'une fleur de lys pour être ajoutée à ses armes. Le comte de Firmas-Périès a épousé, avec le consentement et l'autorisation de l'empereur de Russie, Paul Ier, le 4 février 1799, Marie-Joséphine, comtesse DE WALDBOURG-WOLFEGG ET DE WALDSÉE, truchsesse

1°. Joseph-Louis de Jullien de Mons, né le 7 avril 1821 ;

2°. Charles-Joseph de Jullien de Mons, né le 22 décembre 1824 ;

3°. Armandine-Eugénie de Jullien de Mons, née le 16 décembre 1827.

ARMES du marquis de Mons : Parti, au 1er, écartelé, aux 1 et 4 d'azur, au lion d'or, armé et lampassé de gueules, qui est DE JULLIEN ; au 2 d'azur, à la tour d'argent, maçonnée, ouverte et ajourée de sable, qui est DE LA TOUR DU PIN ; au 3 d'or, à trois pals de gueules, qui est DE FABRÈGUE ; au second, aussi écartelé, aux 1 et 4 d'or, à trois fasces crénelées d'azur, qui est DE MURAT ; aux 2 et 3, palés de gueules et d'azur, semés de roses d'argent, qui est DE LOUET ; et sur le tout du second, un écu d'argent, chargé d'un noyer arraché de sinople, qui est DE NOGARET. Couronne de marquis.

PIÈCES JUSTIFICATIVES.

N° I.

Certificat du Juge d'Armes de la Noblesse de France.

Nous Antoine-Marie d'Hozier de Sérigny, chevalier, juge d'armes de la Noblesse de France, chevalier grand'croix de l'ordre royal des Saints-Maurice et Lazare de Sardaigne,

Certifions que Jacques-Joseph de Jullien de Saint-Just, seigneur de Mons, de Saint-Just, de Vacquières, d'Euzet ou d'Yeuzet, de Montels, de Bouquet, de La valus, de Malerargues, de Rodilhan et de Luc, ancien capitaine au régiment de Normandie, et chevalier de l'ordre royal et militaire de Saint-Louis, a justifié devant nous son ancienne noblesse par titres authentiques ; qu'Antoine-François-Philibert de Jullien de Mons, son fils, sous-lieutenant en second au régiment des Gardes-Françaises, né le 20 de janvier 1765, a épousé (contrat de mariage du 19 décembre 1785) demoiselle Louise-Pauline de Loüet de Murat de Nogaret de Calvisson, fille de feu Anne-Joseph de Loüet de Murat de Nogaret, chevalier, marquis de Calvisson, baron des états de la province de Languedoc, lieutenant de roi de ladite province, et de dame Jeanne-Pauline du Cheyla ; et que ledit Jacques-Joseph de Jullien de Saint-Just produisant est petit-fils de François de

héréditaire du Saint-Empire Romain, dame de l'ordre royal et impérial de la Croix-Étoilée, fille du prince Gebhard-Xavier, trucshess de Waldbourg, comte de Wolfegg-Waldsée, de Friedberg et de Schéer, seigneur de Waldsée, Zeil, etc., grand-maître héréditaire du Saint-Empire Romain, chambellan de l'empereur, et de Claire, comtesse *de Kœnigseck-Aulendorf*. (*Histoire généalogique des Pairs de France et des maisons princières de l'Europe,* généalogie de la maison DE PINS, t. VII, p. 25.)

Julien d'Escaupon, seigneur de Saint-Laurent de Lavernède, de la Brugnière, de Bouquet, de Lavalus, etc., et de dame Louise de la Tour de la Charce de Gouvernet de Malerargues (contrat de mariage du 2 mai 1682), fille de François de la Tour de la Charce, seigneur de Malerargues, de Mons, de Vacquières, de Lavalus, etc., et de dame Françoise de Montcalm de Gozon. Certifions en outre que les services militaires de cette famille sont aussi nombreux que distingués : en voici le détail. Il a été dit ci-dessus que le produisant est ancien capitaine au régiment de Normandie et chevalier de l'ordre royal et militaire de Saint-Louis. François-Philibert de Julien de Malerargues, son frère, a été aussi capitaine au même régiment de Normandie. N.... de Julien d'Escaupon, son autre frère, qui avait été reçu en 1752 aux cadets-gentilshommes à Perpignan, fut tué à la bataille de Parme en 1734, étant alors lieutenant au régiment de Bassigny. Autre François-Philibert de Julien d'Escaupon leur père, seigneur de Malerargues, de Mons, de Saint-Just, de Vacquières, d'Yeuzet, de Montels, de Rodilhan, de Celas, de Marvejols, de Lavalus et de Bouquet, fit deux campagnes en Italie en qualité d'enseigne au régiment de la Vieille Marine. Joseph de Julien de la Brugnière (l'un des oncles paternels du produisant) était premier factionnaire du régiment d'Auvergne et chevalier de l'ordre royal et militaire de Saint-Louis, lorsqu'il se retira du service en 1733. Philippe-Louis de Julien de Lavalus (aussi oncle paternel du produisant), capitaine de grenadiers au régiment de Forez, fut tué au siège de Vintimille. Pierre de Julien de Boisset (autre oncle paternel du produisant), capitaine de grenadiers au régiment d'Auvergne, puis lieutenant-colonel de ce régiment, fut chargé de l'attaque du fort sur la chaussée au siège de la ville de Hulst dans la Flandre hollandaise, emporta ce fort l'épée à la main, et fut nommé lieutenant de roi de ladite ville de Hulst. Jean de Julien, issu d'une branche cadette du produisant et son cousin du 3 au 5, qui mourut en 1730, était capitaine au régiment de la Vieille Marine et chevalier de l'ordre royal et militaire de Saint-Louis. Enfin Jacques de Julien, frère du précédent (Gédéon de Julien leur père avait épousé demoiselle Françoise de Caritat, fille d'Antoine de Caritat, seigneur de Condorcet), mourut en 1711 lieutenant-général des armées du roi. On nous a produit aussi des lettres de sauvegarde accordées par le roi Louis XIII le 28 de juin 1630 « à ses chers et bien aimés Jean, Paul et Gédéon » Julien, frères, de la principauté d'Orange : Sa Majesté ayant égard aux bons et « fidèles services qu'ils avaient rendus en plusieurs occasions tant au feu roi son » père (Henri IV) qu'à elle-même depuis son avènement à la couronne : » Paul, l'un de ces trois frères, était trisaïeul du produisant.

En foi de quoi nous avons signé ce présent certificat et l'avons fait contresigner par notre secrétaire qui y a apposé le sceau de nos armes, à Paris, le mardi onzième jour du mois de juillet de l'an mil sept cent quatre-vingt-six.

Signé D'HOZIER DE SERIGNY.

Par Monseigneur le juge d'armes de la noblesse de France.   *Signé* DU PLESSIS.

N° II.

Lettres patentes portant union de terres et érection en marquisat pour M. DE JULLIEN DE MONS.

Louis, par la grace de Dieu, roi de France et de Navarre. A tous présens et à venir, salut. Notre cher et bien-aimé le sieur Jacques-Joseph de Julien de Saint-Just, ancien capitaine au régiment de Normandie, chevalier de notre ordre royal et militaire de Saint-Louis, nous a fait exposer qu'il possède les terres de Mons, de Saint-Just, de Vacquières, d'Enzetou d'Yeuzet, de Montels, de Bouquet, de Lavalus, de Malerargues, de Rodilhan et de Luc, ayant haute, moyenne et basse justice; que ces terres réunies ensemble seraient très-susceptibles de recevoir le titre de marquisat, s'il nous plaisait en les unissant de les en décorer sous la dénomination de Julien de Mons. Nous nous sommes portés d'autant plus volontiers à l'accorder audit sieur de Saint-Just de Mons, que sa naissance, ses alliances, ses qualités personnelles et ses services concourent également à lui faire mériter la distinction et le titre dont nous voulons l'honorer. La noblesse du sieur de Saint-Just est très-ancienne. Paul Julien, son trisaïeul, reçut des lettres de sauvegarde, en considération des services qu'il avait rendus à Louis XIII et au feu roi son père Henri IV. Jean de Julien, issu d'une branche cadette de l'exposant et son cousin du 5, sa mort en 1730, était capitaine au régiment de la Vieille Marine, et chevalier de l'ordre royal et militaire de Saint-Louis. Jacques de Julien, frère du précédent, mourut en 1771 lieutenant-général de nos armées. Gédéon de Julien, leur père, avait épousé demoiselle Françoise de Caritat, fille d'Antoine de Caritat, seigneur de Condorcet. Le sieur François Julien d'Escaupon, son aïeul, seigneur de Saint-Laurent, de Layrenède, de la Bruguière, de Bouquet et de Lavalus, épousa, en 1682, demoiselle Louise de la Tour du Pin de la Charce de Gouvernet de Malerargues, fille de François de la Tour de la Charce, seigneur de Malerargues, de Mons, de Vacquières et de Lavalus, et de dame Françoise de Montcalm de Gozon, et Dorothée de Julien, sa parente, épousa dans le dix-septième siècle Alexandre de Toulouse, vicomte de Moutfa. François de Julien d'Escaupon, son père, seigneur de Malerargues, de Mons, de Saint-Just, de Vacquières, d'Yeuzet, de Montels, de Rodilhan, de Celas, de Marvejols, de Lavalus et de Bouquet, fit deux campagnes en Italie en qualité d'enseigne dans le régiment de la Vieille Marine. François-Philibert de Julien de Malerargues, son frère, a été capitaine au régiment de Normandie. N.   de Julien d'Escaupon, son autre frère, qui avait été reçu en 1732 aux cadets-gentilshommes à Perpignan, fut tué à la bataille de Parme, en 1734, étant alors lieutenant au régiment de Bassigny. Joseph de Julien de la Bruguière, son oncle paternel, était premier factionnaire au régiment d'Auvergne, et chevalier de l'ordre royal et militaire de Saint-Louis, lorsqu'il se retira du service en 1793. Philippe-Louis de Julien de Lavalus, son oncle paternel, capitaine de grenadiers au régiment d'Auvergne, puis lieutenant-colonel de ce régiment, fut chargé de l'attaque du fort sur la Chaussée, au siége de la ville de Huslt, dans la Flandre-Hollandaise, emporta ce fort l'épée à la main, et fut nommé lieutenant de roi de ladite ville. Ce sont ces considérations et autres des services militaires que cette famille nous a rendus et nous rend encore, le sieur Antoine-François-Philibert de Julien de Mons, fils de l'exposant, qui a épousé demoiselle Louise-Pauline de Louet de Murat de Nogaret de Calvisson, fille de feu Anne-Joseph de Louet de Murat de Nogaret, chevalier, marquis de Calvisson, baron des états de la province de Languedoc, lieutenant de roi de ladite province, étant à notre service en qualité de lieutenant en second au régiment de nos Gardes-Françaises, qui nous ont engagés à honorer ledit sieur de Saint-Just de Mons d'un titre qu'il puisse transmettre à ses descendants, et qui soit pour eux un témoignage de notre estime et de notre satisfaction qui les encourage de plus en plus à marcher sur ses traces et celles de ses ancêtres. A CES CAUSES, sur le compte qui nous a été rendu des droits, du revenu et de l'étendue desdites terres et seigneuries, nous avons, de notre grâce spéciale, pleine puissance et autorité royale, joint, uni et incorporé, et par ces présentes, signées de notre main, joignons, unissons et in-corporons lesdites terres à celle de Mons, pour ne faire et composer à l'avenir, avec leurs circonstances et dépendances, droits de haute, moyenne et basse jus-tice, qu'une seule terre et seigneurie, laquelle nous avons, de nos mêmes grâces, pouvoir et autorité que dessus, créé, érigé et élevé, créons, érigeons et élevons en titre, nom, prééminences et dignité de marquisat, sous la dénomination du marquisat de Julien de Mons; voulons et nous plaît que lesdites terres et seigneu-ries soient tenues et possédées audit nom, titre et dignité de marquisat de Ju-lien de Mons, par ledit sieur Jacques-Joseph de Julien de Saint-Just et ses enfants, postérité et descendants mâles, nés, et à naître en légitime mariage, seigneurs et propriétaires de ladite terre, seigneurie et marquisat; voulons, en outre, qu'ils puissent se dire, nommer et qualifier marquis de Julien de Mons en tous actes et en toutes occasions tant en jugement que dehors, et qu'ils jouissent des mêmes honneurs, armes et blazons, droits, prérogatives, prééminences en fait de guerre, assemblées d'états et de noblesse, et autres droits, avantages et priviléges dont jouissent et doivent jouir les autres marquis de notre royaume, encore qu'ils ne soient ici particulièrement exprimés; que tous vassaux, arrière-vassaux, justiciables et autres, tenus noblement ou en roture des biens mouvants et dépen-dances dudit marquisat, les reconnaissent pour marquis; qu'ils fassent les fois et hommages, fournissent leurs aveux, déclarations et dénombrements (le cas y échéant) sous ledit nom et qualité de marquis de Julien de Mons, et que les offi-ciers exerçant la justice dudit marquisat instituent à l'avenir leurs sentences et autres actes et jugements auxdits titres et qualités de marquis, sans toutefois au-cun changement ni mutation de ressort et de mouvance, augmentation de jus-tice et connaissance de cas royaux qui appartiennent aux baillis et sénéchaux, et sans que pour raison de la présente érection ledit sieur marquis de Julien de Mons et ses enfants et descendants soient tenus envers nous, et leurs vassaux tenanciers envers eux et autres et plus grands droits et devoirs que ceux dont ils sont actuellement tenus, ni qu'au défaut d'hoirs mâles nés en légitime mariage, nous puissions, ou les rois, nos successeurs, prétendre lesdites terres et seigneuries, leurs circonstances et dépendances être réunies à notre couronne, nonobstant tous édits, déclarations, ordonnances, arrêts et réglements sur ce intervenus, et notamment l'édit du mois de juillet 1566, auxquels nous avons dérogé et dérogeons par ces présentes, pour ce regard seulement, et sans rien innover aux droits et devoirs qui peuvent être dus à d'autres qu'à nous, si aucun y a, auxquels droits et devoirs nous entendons que ces présentes ne puissent aucunement préjudicier; à la charge toutefois, par ledit sieur marquis Julien de Mons et ses enfants et descendants, seigneurs et propriétaires de ladite terre, seigneurie et marquisat, de relever de nous, pour la dignité de marquisat, en une seule foi et hommage, et de nous payer, et aux rois, nos successeurs, les droits ordinaires et accoutumés, si aucuns sont dus pour raison de ladite dignité, tant que ladite terre et seigneurie sera décorée, et qu'au défaut d'hoirs mâles nés en légitime mariage, ladite terre et seigneurie retournera au même et semblable état et titre qu'elle était avant ces présentes. Sy donnons en mandement à nos amés et féaux conseillers, les gens tenant notre cour de parlement à Toulouse, cour des comptes et des finances à Montpellier, présidents, trésoriers de France et généraux de nos finances audit lieu, que ces présentes ils aient à faire registrer, et de leur contenu, jouir et user, ledit sieur marquis de Julien de Mons, ses enfants, postérité et descendants, pleinement et paisiblement et perpétuellement, cessant et faisant cesser tous troubles et empêchements contraires, nonobstant tous édits, déclarations et ordonnances à ce contraires, auxquels nous avons dérogé et dérogeons par ces présentes, pour ce regard seulement, et sans tirer à conséquence, sauf toutefois notre droit et autre chose, et l'autrui en tout. CAR TEL EST NOTRE PLAISIR. Et afin que ce soit chose ferme et stable à toujours, nous avons fait mettre notre scel à ces dites présentes. Donné à Versailles, au mois de mars l'an de grâce mil sept cent quatre-vingt-huit, et de notre règne le quatorzième.

Signé LOUIS.

Visa

DE LAMOIGNON.

Par le Roi,

LE BARON DE BRETEUIL.

RELEVÉ

*des alliances contractées par les diverses branches
de la famille* JULLIEN.

ADDITIONS ET CORRECTIONS.

Page 9, ligne 20, à la suite de cette ligne, *lisez :* Pierre Jullien est auteur de la branche des *seigneurs, marquis de* Mons, établie p. 117 et suiv.

Page 21, lig. 2, à la suite du mot CONTENTON, *lisez :* Guillaume Jullien, IIIe du nom, remplissait la double fonction de notaire-secrétaire du roi et de grand audiencier de France, comme on l'a annoncé en la note mise au bas de la page 51. — Même page, ligne 11, à la suite des mots : celle (la parité) de fonctions, *lisez :* l'identité d'armes.

Page 54, lig. 36, en marge du mot TROUILLARD, *lisez :* d'azur, à trois soucis d'or.

Pag. 36, lig. 33, en marge du mot MIGNOT, *lisez :* d'azur, au chevron d'or, surmonté d'une étoile et accompagné en chef de deux grappes de raisin, et en pointe d'une main sénestre, en pal, le tout d'argent.

Page 38, à la suite de la ligne 19, *lisez :* Denis-Zacharie Jullien des Bordes a épousé, le 24 novembre 1828, Lucile JOUANNEAU ; et même page, à la suite de la ligne 29, *lisez :* Louis-Michel Jullien des Bordes a épousé, en secondes noces, le 23 avril 1828, Élisabeth BANO, née à Belfort, et veuve, en premières noces, de Jean-Pierre-Marie-François JEANNEAU, ancien officier de gendarmerie.

Page 39, à la suite de la ligne 6, *lisez :* Du mariage de Charles-Étienne Jullien et Natalie-Élisabeth Poidevin, est encore issu Marie-Gabriel-Charles-Xavier Jullien, né au mois de mai 1828.

Page 40, à la suite de la ligne 11, *lisez :* Catherine-Victoire Jullien est décédée le 26 avril 1827. — Même pag., à la suite de la ligne 32, *lisez :* Jean de Gauville était fils de Robert de Gauville, chevalier, seigneur de Chenonville, qualifié capitaine d'armes dans un acte de 1440, et de Marie DE MOUSSULARD, sa seconde femme, qui avait pour armes : *gironné d'argent et de sable, de 12 pièces.*

Pag. 41, lig. 16, à la suite des mots de la chambre des Pairs, *lisez :* deux volumes ; et lig. 17, au lieu du mot huit, *lisez :* dix.

Page 49, à la suite de la deuxième lig., *lisez :* C'est dans la chapelle de l'asile royal de la Providence que Mgr Jean-Baptiste de Chabot, évêque de Mende, a donné, le 11 janvier 1808, la bénédiction nuptiale à M. de Courcelles et à mademoiselle de Picot.

Page 52, à la suite de la ligne 14, *lisez* : Pierre-Amédée Tassin de Saint-Péreuse a épousé à Paris, le 17 avril 1828, Amélie-Zéphirine-Charlotte-Barbe DE JAUBERT-SAINT-MALO (1), fille de Pierre-Nolasque-Joseph-Antoine de Jaubert Saint-Malo, chef d'escadron, ancien écuyer de S. A. S. madame la duchesse de Bourbon, et chevalier de l'ordre royal et militaire de Saint-Louis, et d'Adélaïde-Louise-Éléonore d'HAMERVILLE. — Même pag., lig. 26, à la suite de cette ligne, *lisez* : Marie-Louise-Geneviève-Augustine-Athénaïs Jullien de Courcelles a épousé à Paris, le 17 mai 1828, Joseph-Marie-Renaud, comte DU DRESNAY (2), né à Londres le 5 janvier 1797, chevalier

---

(1) La famille de Jaubert est originaire du Roussillon : sa noblesse est ancienne, et elle s'est toujours distinguée par ses services militaires. Barthélemi de Jaubert, chevalier, de Perpignan, l'un des premiers auteurs de cette famille, est connu par plusieurs quittances de ses appointements militaires, entr'autres par celles datées des 31 mai 1494, 1er mars 1499 et 11 avril 1509, conservées parmi les manuscrits de la Bibliothèque du Roi.

(2) La maison du Dresnay, d'origine chevaleresque, tient rang parmi la haute noblesse de Bretagne. Elle a figuré dans les plus anciennes réformations de la noblesse de cette province, et a obtenu les honneurs de la cour en 1783. On trouve, dans les montres reçues à Paris en 1356, Robinet du Dresnay, qui alla au service de Jean, roi de France, sous le commandement de messire Foulques de Laval. Le même Robinet du Dresnay suivit le parti de Charles de Blois contre Jean de Montfort. Bonabes et Alain du Dresnay servaient, en 1415, dans l'armée de Charles VI, roi de France. Le même Bonabes, en 1420, marcha à la délivrance de Jean V, duc de Bretagne, et accompagna ce prince, en 1425, dans son voyage d'Amiens, pour traiter de la paix entre la France et l'Angleterre. Dans des comptes du trésorier de Bretagne, depuis 1423 jusqu'en 1426, on voit un Charles du Dresnay, chevalier, envoyé en cour de Rome vers le pape, en 1424, par le même Jean V, duc de Bretagne. Ce Charles du Dresnay se trouva au parlement-général du duc Pierre II, assemblé à Vannes en 1451. Renaud du Dresnay, chevalier, bailli de Sens, et appelé par les auteurs *grand et expérimenté capitaine*, commanda long-temps, sous le règne de Charles VII, l'armée du duc d'Orléans, et fut nommé gouverneur d'Ast, en Piémont. Conjointement avec messire Prégent de Coëtivy, amiral de France, et Pierre de Brézé, il conduisit 400 lances dans une expédition en Bretagne. (*Dictionnaire de la Noblesse de France*, par la Chesnaye des Bois, tom. V, pag. 653.)

La maison du Dresnay s'est alliée aux familles les plus distinguées de sa province, notamment à celles de la Roche-Huon, de Kergrist, le Cozic, le Splan, de Lannion, de Marec, Hersart, de Kergoet, le Dornec, le Borgne de Coëtivy, de la Hâye, d'Acigné, de Kergorlay, le Jar, de l'Étang, de Cornullier, de Montaudouin, du Coëtlosquet, de Quélen, etc. Ces alliances sont constatées au t. III, fol. 187

DE JAUBERT : coupé, au 1 d'azur, au château à 3 tours d'argent, surmonté d'une tour du même et maçonné de sable ; au 2 d'or, à 1 rameau de 3 feuilles de lierre de sinople.

D'HAMERVILLE :

DU DRESNAY : d'argent, à la croix nillée de sable, mise en cœur, et accompagnée de 3 coquilles de gueules.

DE LA ROCHE-HUON : d'azur, à 3 tours crénelées d'or.

DE KERGRIST : d'or, à 4 tourteaux de sable, 3 en chef et 1 en pointe ; avec 1 croissant montant du même en abîme.

LE COZIC : d'argent, à l'aigle de sable, armée, membrée et becquée de gueules.

LE SPLAN : d'azur, au pigeon d'argent, armé, becqué et membré de gueules.

DE LANNION : d'argent, à 3 merlettes de sable, 2 et 1 ; au chef de gueules, chargé de 3 quintefeuilles d'argent.

DE MAREC : d'azur, à 2 coutelas d'argent en sautoir, garnis d'or, les pointes en haut.

HERSART : d'or, à la herse de sable.

DE KERGOET : d'azur, au léopard d'or, chargé sur l'épaule d'un croissant montant de gueules.

LE DORNEC : de sable, au chevron d'argent accompagné de 3 mains du même.

LE BORGNE : d'azur, à 3 luchets d'or, liés et virolés de même.

de l'ordre de Saint Jean de Jérusalem et capitaine d'infanterie, fils de Gui-Marie-Joseph-Gabriel-Ambroise, marquis du Dresnay, colonel de cavalerie, chevalier de l'ordre royal et militaire de Saint-Louis et de celui de la Légion-d'Honneur, et de Rose-Jacquette DE QUÉLEN (1). C'est monseigneur Hyacinthe-Louis de Quélen, archevêque de Paris, pair de France et parent du comte du Dresnay, qui a béni son mariage avec mademoiselle de Courcelles, en la chapelle du palais archiépiscopal, le 19 du même mois de mai, en présence de quatre autres prélats, Guillaume-Aubin de Villèle, archevêque de Bourges et pair de France, Roch-Étienne de Vichy, évêque d'Autun et pair de France, Charles-Louis de Salmon du Chastellier, évêque d'Évreux et pair de France, et Charles-Joseph-Judith-François-Xavier de Ségey, ancien évêque de Tulles. S. M. le roi Charles X et LL. AA. RR. Monsieur le dauphin, Madame la dauphine, Madame, duchesse de Berry, Mgr le duc d'Orléans, Madame la duchesse d'Orléans, Mademoiselle d'Orléans et Mgr le duc de Bourbon, prince de Condé, ont donné leur agrément à ce mariage, par acte passé devant Cottenet, notaire à Paris, les 18 et 28 mai, et étant à la suite du contrat de mariage, reçu le 15 par le même notaire.

Page 55, lig. 57, en marge des mots VEYRET DE VALAGNON, *lisez:* de vair plein.

Page 56, lig. 2, à la suite de ces mots : Alexandre Jullien, *lisez:* avait suivi la carrière militaire et était parvenu au grade de capitaine, lorsqu'il épousa, en secondes noces, Madelaine Robert. Il a eu pour enfants, etc.
— Même page, ligne 30, après le mot puis, *lisez:* maître des requêtes, et, en 1770, intendant de la généralité d'Alençon.

et 188 des Registres manuscrits du cabinet des Ordres du Roi, où la filiation de la famille du Dresnay se trouve établie dans un mémoire dressé par M. Chérin, généalogiste des ordres. Elles le sont de même dans la production de titres faite, en l'année 1782, par Marie-Louise-Angèle-Élisabeth du Dresnay, tante de Joseph-Marie-Renaud du Dresnay, mari de mademoiselle de Courcelles, pour son admission dans le chapitre noble de Notre-Dame de l'Argentière, en Lyonnais.

(1) La maison de Quélen, d'ancienne chevalerie de la Basse-Bretagne, a fait ses preuves au cabinet des Ordres du Roi, en 1770, pour l'obtention des honneurs de la cour, et a été maintenue dans les diverses réformations de la noblesse de Bretagne. Jean de Quélen, qui servait en 1372 et 1378 sous le connétable du Guesclin, est l'un des premiers auteurs connus de cette famille.

Notes marginales :

DE QUÉLEN : burelé d'argent et de gueules.

DE LA HAYE : bandé de 6 pièces d'or et d'azur ; au canton de gueules, chargé d'une fleur de lys d'argent.

D'ACIGNÉ : d'hermines, à la fasce de gueules, chargée de trois fleurs de lys d'or.

DE KERGORLAY : vairé d'or et de gueules.

LE JAR : d'argent, au coq de sable, crêté et barbé d'argent.

DE L'ETANG : écartelé, aux 1 et 4 d'or, à la coquille de gueules ; aux 2 et 3 losangés d'argent et de sable.

DE CORNULLIER : d'azur, à la rencontre de cerf d'or, surmontée, entre le bois, d'une hermine d'argent.

DE MONTAUDOUIN : d'azur, à une montagne de 6 coupeaux d'argent.

DU COETLOSQUET : de sable, semé de billettes d'argent ; au lion morné d'argent sur le tout.

Page 61, lig. 32, à la suite de cette dernière ligne doit se lire la note suivante :

La minute de l'arrêt du grand conseil du 19 août 1604, rendu en faveur de Nicolas Jullien, II° du nom, écuyer, seigneur de Reclaine et nommé page 59, arrêt qui a reconnu solennellement la noblesse de la famille Jullien, ainsi que celle de la famille Bataille, existe en original à la section judiciaire des archives du royaume à Paris, et une expédition en forme légale de cet arrêt, revêtue du sceau des archives, a été délivrée à M. Jullien de Courcelles le 22 janvier 1827, au nom du garde général des archives, par M. Terrasse, dépositaire chef de la section judiciaire.

Parmi les pièces visées dans cet arrêt, se trouvent 1° un certificat de Huguenin Bodier, clerc des aides du duché de Bourgogne, du 21 octobre 1455, qu'on a omis de rappeler dans la généalogie, et qui constate la décharge de toutes contributions donnée en cette même année, ainsi qu'on l'a dit à la page 14, à Huguenin Jullien, I° du nom, comme noble, et à la succession de Monin Jullien, son père;

2°. Quatre autres certificats du même genre, datés des 12 et 15 mai 1470, 12 août 1491 et 4 décembre 1492, également omis dans la généalogie;

3°. Les lettres de Charles le Téméraire, duc de Bourgogne, du 30 septembre 1476, qui ont autorisé Huguenin Jullien, II° du nom, à prendre possession du fief de Verrey, lettres datées par erreur du 30 septembre 1478, à la page 15, et par suite de cette erreur, attribuées mal à propos, pag. 14, à Louis XI, roi de France, qui n'a en effet réuni le duché de Bourgogne à la couronne que trois mois après l'expédition de ces lettres, Charles le Téméraire n'étant décédé que le 4 janvier 1476 (v. st.), ou 4 janvier 1477 (n. st.);

4°. L'acte de foi et hommage de la terre et seigneurie de Reclaine, rendu à Louis XI, comme duc de Bourgogne, par le même Huguenin Jullien, II° du nom, le 24 novembre 1499, et non 1479, comme on l'a imprimé par erreur, pag. 15;

5°. Les actes des 25 mai et 17 juillet 1481, rappelés même page 15, et dont le dernier est daté par erreur, à la même pag. 15, du 7 juillet 1481;

6°. Enfin un acte du 19 décembre 1504, dont la généalogie n'a pas fait mention.

Page 71, à la suite de la ligne 19, lisez : On présume que c'est à cette famille, établie dans la Marche, qu'ont appartenu 1° Lionne de Jullien, issue des seigneurs de Chambeul, et mariée à Jaubert de Lespinasse (1), seigneur du Passage, en Auvergne, suivant le codicile latin de ce dernier, du 13 février 1423. (Production faite devant M. de Fortia, intendant d'Au-

---

(1) *De Lespinasse du Passage* : d'azur, au lion d'argent.

vergne, par la maison de Lespinasse du Passage en 1668, et existante en original dans les archives de M. de Courcelles); 2° Antoinette de Jullien, qui a épousé, le 1ᵉʳ janvier 1556, Jacques *de Lastic* (1), écuyer, seigneur de la Vergnette, et gouverneur de la ville de Bourganeuf en Marche. (Production faite devant le même intendant, par la maison de Lastic.)

Page 84, lig. 1ʳᵉ, à la suite des mots *Monuments de la monarchie française*, lisez : t. II, p. 216.

Pag. 157, lig. 6, à la suite du mot d'Hamerville, *lisez :* Du mariage de Pierre-Amédée Tassin de Saint-Péreuse avec mademoiselle de Jaubert, est né, le 5 janvier 1829, Jean-Charles-Édouard-Amédée Tassin de Saint-Péreuse.

---

(1) *De Lastic :* De gueules, à la fasce d'argent.

TABLE SUPPLÉMENTAIRE.*

---

* La première table se trouve aux pages 101 à 116.

(1) de Baux : de gueules, à une comète à 16 rais d'argent.

(2) de Bosquet : de gueules, au lion d'or, à la bordure dentelée du même.

(3) de Brézé : d'asur, à huit croisettes d'or, posées en orle autour d'un écusson, aussi d'or, ombé d'azur, et l'azur rempli d'argent.

(1) de Canillac : d'azur, crénelé d'or, à la levrette rampante d'argent, onglée et colletée de gueules.

(2) de Cavaillon : d'or, au lion de sable, armé et lampassé de gueules.

(3) de Chabot : d'or, à trois chabots de gueules.

(4) de Chastel : de gueules, au château d'or, sommé de trois tours du même.

(5) de Coëtivy : fascé d'or et de sable, de six pièces.

(6) de la Croix, au comté Venaissin : d'or, à trois fasces ondées d'azur, surmontées d'un lion naissant de gueules.

21

(1) *du Guesclin* : d'argent, à l'aigle éployée de sable, couronnée d'or, à la bande de gueules brochante sur le tout.

(2) *d'Hozier* : d'azur, à la bande d'or, accompagnée de six étoiles du même.

(1) *de l'Isle-Jourdain* : de gueules, à la croix cléchée, vidée et pommetée d'or.

(2) *de Lamoignon* : losangé d'argent et de sable, au franc canton d'hermines.

(3) *de Laval* : d'or, à la croix de sable.

aussi de gueules, 2 en chef et 1 en pointe; le chef chargé d'un lambel de 5 pendants de gueules.

(1) de Sagey : d'azur, à la croix ancrée d'or.

(2) de Salmon du Chastellier : d'azur, au chevron d'or, accompagné de 3 têtes de lion du même, lampassées de gueules.

(3) de Séguins : d'azur, à la colombe d'argent, accompagnée de 7 étoiles du même, 4 en chef et 3 en pointe.

(4) de la Tour : de gueules, à la tour d'argent, maçonnée de sable.

(1) de la Mothe : écartelé, aux 1 et 4 d'azur, à la tour crénelée d'argent ; aux 2 et 3 d'argent, au lévrier rampant de gueules, accompagné de trois tourteaux

(1) *de Vichy :* de vair de 4 tires.

(2) *de Villèle :* parti émanché de trois pièces d'or, et de deux pièces et deux demi-pièces d'azur.

FIN DE LA TABLE SUPPLÉMENTAIRE.

www.ingramcontent.com/pod-product-compliance
Lightning Source LLC
Chambersburg PA
CBHW070811290326
41931CB00011BB/2194